THE
EVERYTHING.
Bible Word Search
Book

T0089207

Dear Reader,

In the beginning was the word. Since then billions and billions of Bibles have been sold, profoundly impacting the course of history. The Bible has influenced many areas of human endeavor including art, literature, music, and now, crossword puzzles! In fact, the Bible itself contains forms of word-play. For example, Psalm 119 is an acrostic poem where each stanza begins with a letter of the Hebrew alphabet, in sequence. With letters running both across and down, some say that acrostics were a precursor to crossword puzzles.

The crossword puzzles in this book are a fun way to test your knowl-edge of the Bible. Each puzzle has clues from Bible verses sprinkled into the grids. The Bible verses are all referenced, so keep your Bible handy and look up verses that you don't know. Some may call this cheating, for others it is inspiring! Various translations of the Bible are used, so the words in some puzzles might not exactly match your bible.

I hope you find these puzzles both entertaining and enlightening!

Charles Timmerman

Welcome to the EVERYTHING Series!

These handy, accessible books give you all you need to tackle a difficult project, gain a new hobby, comprehend a fascinating topic, prepare for an exam, or even brush up on something you learned back in school but have since forgotten.

You can choose to read an *Everything*® book from cover to cover or just pick out the information you want from our four useful boxes: e-questions, e-facts, e-alerts, and e-ssentials. We give you everything you need to know on the subject, but throw in a lot of fun stuff along the way, too.

We now have more than 400 *Everything*® books in print, spanning such wide-ranging categories as weddings, pregnancy, cooking, music instruction, foreign language, crafts, pets, New Age, and so much more. When you're done reading them all, you can finally say you know *Everything*®!

PUBLISHER Karen Cooper

DIRECTOR OF ACQUISITIONS AND INNOVATION Paula Munier

MANAGING EDITOR, EVERYTHING SERIES Lisa Laing

COPY CHIEF Casey Ebert

ACQUISITIONS EDITOR Lisa Laing

ASSOCIATE DEVELOPMENT EDITOR Elizabeth Kassab

EDITORIAL ASSISTANT Hillary Thompson

Visit the entire Everything® series at *www.everything.com*

THE EVERYTHING®

BIBLE
WORD SEARCH
BOOK

150 fun and inspirational puzzles

Charles Timmerman
Founder of Funster.com

Adams Media

New York   London   Toronto   Sydney   New Delhi

Dedicated to Gary, Val, Gabby, and Dani.

Adams Media
An Imprint of Simon & Schuster, Inc.
57 Littlefield Street
Avon, Massachusetts 02322

An Everything® Series Book.
Everything® and everything.com® are registered trademarks of Simon & Schuster, Inc.

ADAMS MEDIA and colophon are trademarks of Simon and Schuster.

For information about special discounts for bulk purchases, please contact Simon & Schuster Special Sales at 1-866-506-1949 or business@simonandschuster.com.

The Simon & Schuster Speakers Bureau can bring authors to your live event. For more information or to book an event contact the Simon & Schuster Speakers Bureau at 1-866-248-3049 or visit our website at www.simonspeakers.com.

Manufactured in the United States of America

15 2021

Library of Congress Cataloging-in-Publication Data has been applied for.

ISBN 978-1-59869-798-8

Contents

Acknowledgments

I would like to thank each and every one of the more than half a million people who have visited my website, *www.funster.com*, to play word games and puzzles. You have shown me how much fun word puzzles can be, and how addictive they can become!

For her expert help and guidance over the years, I owe a huge debt of gratitude to my agent Jacky Sach.

It is a pleasure to acknowledge the folks at Adams Media who made this book possible. I particularly want to thank my editor Lisa Laing for so skillfully managing the many projects we have worked on together, and Colleen Cunningham for providing technical advice.

Last, but certainly not least, a very special thanks to Suzanne and Calla.

Introduction

▶ THE PUZZLES IN this book are in the traditional word search format. The words you will be searching for will be either in a list or underlined in a Bible verse. Words are hidden in the grid in any direction: up, down, forward, backward, or diagonally. The words are always found in a straight line and letters are never skipped. Words can overlap. For example, the letters at the end of the word MAST could be used as the start of the word STERN. Only the letters A to Z are used, and any spaces in an entry are removed. For example, SONG OF SOLOMON would be found in the grid as SONGOFSOLOMON. Draw a circle around each word you find in the grid. Then cross the word off the list (or the verse) so you will always know what words remain to be found.

A favorite strategy is to look for the first letter in a word, then to see if the second letter is one of the eight neighboring letters, and so on until the word is found. Or instead of searching for the first letter in a word, it is sometimes easier to look for letters that stand out, like Q, U, X, and Z. Double letters in a word will also stand out and be easier to find in the grid. Another strategy is to simply scan each row, column, and diagonal looking for any words.

PUZZLES

CHAPTER 1: Bible Study

Books of the Bible A–J

```
S T O M Q H E Z G V U I W C Q D S E G P
G S P L D P S F C Z C E U C V N O X P R
E T J N X E N A V U V N A P A I X X K F
D Z C R G S J A U M A U K I U M J J W B
U G Z D K T E O Q X U C T V V M O I P F
U H U Z U H T T H S Q A C H O S E A Y J
J J A S K E J A S N L W G R U H L G A A
H S H I K R Y S N A I S S O L O C G B U
U K O M A T Z O G I I R Z Q J O N A H H
P Z D M B S R G G H P S W E R B E H S S
L R E D A X I F O T M S E M A J Z U I O
O L E P H E S I A N S P W L F D E G S J
Y L X N C H R O N I C L E S C N K P E T
G T A I Y M O N O R E T U E D C I R N R
F H O C F S Y M B O G R B A G Q E I E L
M W M B K O Q M A C T S N U E M L X G K
Z Y F L B V A R G B P I C C I D O T R E
T O I Q Y S Z P B D E S A A L D N U W T
Y P X C A E U O K L T R H H U H C L O X
X M E U T A W M Z C Y G F S X V X J I C
```

ACTS	EPHESIANS	HAGGAI	JONAH
AMOS	ESTHER	HEBREWS	JOSHUA
CHRONICLES	EXODUS	HOSEA	JUDGES
COLOSSIANS	EZEKIEL	ISAIAH	
CORINTHIANS	EZRA	JAMES	
DANIEL	GALATIANS	JEREMIAH	
DEUTERONOMY	GENESIS	JOEL	
ECCLESIASTES	HABAKKUK	JOHN	

Solution on page 154

Books of the Bible K–Z

```
L K X Q B X R X T M N D B V I M H G Y M
V J U L R C P F Z H T Q N E V A V F S H
F V M A I E J I E S X C R D K T L R A D
M G O P M A L A C H I N K J M T D I P P
U J M A L G V B H A Q M I C A H M L R D
K S J V N E G S A Y D R L Z I E M O H L
R P T I O C U J R I A R O E H W V M W K
F G S H M N L M I T U T Z E Q E K S Y X
R B F R E V E L A T I O N W R S R X K Y
Y E H M L S E O H S N S T B N D A O V Z
M H T W I U S O N G O F S O L O M O N E
W B T E H C K A H S N A I P P I L I H P
C U H O P I Q E L E R T D S J P V A Y H
A Y C K M T L J F O A E A S U T I T O A
U J O M K I N G S T N L B J S D T G F N
T P J I B V T A N K M I T M A T L B U I
K X H C Z E J E H S P E A B U S K U L A
T A Q Y H L M W K U R Q O N H N G B G H
T W Y D C A L T Z Y M G X H S N A M O R
R C B G L J B W A E I X O U O P S D O J
```

KINGS	NAHUM	PSALMS	TIMOTHY
LAMENTATIONS	NEHEMIAH	REVELATION	TITUS
LEVITICUS	NUMBERS	ROMANS	ZECHARIAH
LUKE	OBADIAH	RUTH	ZEPHANIAH
MALACHI	PETER	SAMUEL	
MARK	PHILEMON	SONG OF	
MATTHEW	PHILIPPIANS	SOLOMON	
MICAH	PROVERBS	THESSALONIANS	

Solution on page 154

Animals in the Bible

```
C S D E W U W Z X D E B X B V Y F P D D
N Z R X I L M X A X M I F P Q H K T E Y
T Y D G G C Z G A C N T H D J G K Q B T
S X X C B G E P C G L Y U S U S Q K D I
J U Z Z C A H G X P I U L N T S U C O L
I B H R I D Z I C S O L E S A E W Y W E
H F W C Y D R R B M V S E R P E N T X Y
E B Q N U E I K E V Q R H A P R Q R T J
G Z U C E R S S A W K S F C B R W S O O
I Y N D C H B Y S F N N E B O W K B R H
P H Y E Z P A U T P Q R A N I R M U O K
L U G N M W S N R T A A E L F R U B A G
Q J O I N N I G T S W R W T L E D A R K
I X T W X D L I T E U O R U T D H L D Y
Y O S S T B I E B P L C R O N I O E Q M
S X S M N O S Y E F A O A M W P B V G K
R I K O O A K W B M A L P T D S E Q E O
Z Z F N I R I X E D H G O E T J O L S S
B P Q O L C A L F D O U Q D R A Z Z U B
P L M D O N B O N A O Z F F Z D P C R M
```

ADDER	BOAR	FLEA	SPIDER
ANTELOPE	BRUCHUS	HORNET	SWINE
ASS	BUBALE	LAMB	WEASEL
ATTACUS	BUZZARD	LION	WOLF
AUROCHS	CALF	LOCUST	WORM
BASILISK	CAMEL	MULE	
BEAST	CERASTES	SERPENT	
BIRD	DEER	SNAIL	
BITTERN	DOVE	SPARROW	

Solution on page 154

Christian Holidays and Feasts

```
V S E X A G E S I M A S C E N S I O N T
V A U K J Y V A L E N T I N E S D A Y L
G R B S T X S S T P A T R I C K S D A Y
Y G S A R O T S O C E T N E P E Z U M A
N I L Y A D N U S Y C R E M E N I V I D
A D U A N O I M T B H I L Y K D T O S R
H R O D S H A P A T R N O A Y Q S D E U
P A S I F T S T N H I I W D A Y I O G T
I M F R I R L I D G S T S S D A R M A A
P I O F G O L O R I T Y U E S D H I U S
E S Y D U F A N E N M S N U E N C S Q S
N E A O R O D O W H A U D T N U S A N U
O G D O A H V F S T S N A E D S U U I R
I A R G T P E M D F U D Y V E M P Q U A
D U U F I M N A A L J A Q O W L R F Q Z
O T T Z O U T R Y E T Y W R H A O L N A
I P A H N I G Y V W I V H H S P C G F L
R E S S O R C E H T F O T S A E F E Q Q
T S A I N T G R E G O R Y S D A Y T I J
Z O L I Q B O X I N G D A Y E A S T E R
```

ADVENT
ALL SAINTS
ASCENSION
ASH WEDNESDAY
ASSUMPTION
   OF MARY
BOXING DAY
CHRISTMAS
CORPUS CHRISTI
DIVINE MERCY
   SUNDAY
EASTER
EPIPHANY

FEAST OF THE
   CROSS
GOOD FRIDAY
LAZARUS SAT-
   URDAY
LOW SUNDAY
MARDI GRAS
PALM SUNDAY
PENTECOST

QUASIMODO
QUINQUAGESIMA
SAINT GREGO-
   RYS DAY
SATURDAY OF
   SOULS
SEPTUAGESIMA
SEXAGESIMA
SHROVE TUESDAY

ST ANDREWS DAY
ST PATRICKS DAY
TRANSFIGURATION
TRINITY SUNDAY
TRIODION
TRIUMPH OF
   ORTHODOXY
TWELFTH NIGHT
VALENTINES DAY

Solution on page 154

Places in the Bible

```
N J S E B P Y F B M O X Q H H I P K E E
U J J S E V I L O F O T N U O M O D O S
P R Z T T L R W N P P U N C A T C G C X
W K M F H G I Z X Q N A N H D V A O A G
C P E B L D E L B A I P Y T W V P M N X
B X T Q E R B T A N N W G S S C E O K H
O O W W H Q G N H G A A M H D I R R A V
R N L L E Q A Y S S F D Z K T L N R A A
R H E N M C V N U H E O A A E S A A D X
Q G Z S P Q T A C E L M A G R N U H I M
E F T A D P P H S B Q K A E A E M G A T
E H Z M Z X Y T A R B I K N S M T B S G
W E B A E J G E M O U N T N E B O H H O
T H K R S L E B A N L J B E N M Y D T G
P H V I Y G A R D Y A B Q B N Z O D E K
A Z I A F B E S I L O P A C E D A R B H
E F V B Y S D Q U C S G O L G O T H A A
S D H L C K U H Q R H S E D A K L H D R
F L O F F P J S H X E O X U V N A J A F
W N B A Z T H P A E B J S U F W M P D P
```

BABYLON	GENNESARET	KADESH	SAMARIA
BETHANY	GETHSEMANE	MAGADAN	SEA OF GALILEE
BETHLEHEM	GOLGOTHA	MALTA	SODOM
BETHSAIDA	GOMORRAH	MOUNT NEBO	SUSA
CANAAN	HARAN	MOUNT OF OLIVES	
CAPERNAUM	HEBRON	MOUNT SINAI	
DAMASCUS	JERICHO	NAIN	
DECAPOLIS	JERUSALEM	NAZARETH	
EGYPT	JUDEA	ROME	

Solution on page 154

People of the New Testament

```
S P W N N J R Z N J S L I S M P P P W Z
G E S U H C L A M X P E Q B D O R C A S
J U D A S S U R A Z A L E X A N D E R V
Q F X A H W X T Z A M C I S H T I T U S
O S B N X P H S E M A J K O T I A E G T
E M P O X O A V C L T U X H I U M A A E
D I K S M X P I H A I D Y L B S G L H A
R A B A R A B B A S M Z Q O A P L P T W
N Q S J U Q T D R C O R A S T I F H R U
O T H L O N Q G I S T P Q B C L T A A N
L A S A I H T T A M H T U S E A H E M A
I P O M N A N T H O Y Q I N M T P U J U
R P L C H D S M E G M R R H O E H S O M
Z W L T M E R B X Z P G I E L Z I J S T
N X O O G Z E E S A B A N R A B L T E V
H P P C Z O M A W X O I I O S V E T P P
T U A R Y P H R R L K A U D G P M W H M
V M P S L R T V J E S U S J H N O M I S
B L G O J U T Y I V R G C E H C N S W K
Z V Q O K D T T A I O L N S U P K P Q S
```

ALEXANDER
ALPHAEUS
ANDREW
APOLLOS
BARABBAS
BARNABAS
CAIAPHAS
DORCAS
ELIZABETH
GESTAS
HEROD

JAMES
JASON
JESUS
JOHN
JOSEPH
JUDAS
LAZARUS
LEVI
LYDIA

MALCHUS
MARTHA
MATTHIAS
PAUL
PHILEMON
PHOEBE
PONTIUS PILATE
PRISCILLA
QUIRINIUS

SALOME
SIMON
STEPHEN
TABITHA
THOMAS
TIMOTHY
TITUS
ZECHARIAH

Solution on page 154

People of the Old Testament

```
P C N M M E C G Z L E MN D E F F M T M
S K H B U V F V P A L Z D D L Y E F F Q
S X B J E O V F L D I R L E A E R N S X
X N X Y U H U R U I D I U R W N U G P S
P D Z T P U H X T S A M S O N E I M F Q
U L X V I N Y S D B L A E M Z L H E A I
F L S S H E M A K X Y I P D P P M S L S
Q L C W U T T O E MW R E B E K A H O J
E T I E J Z E W R R O I U S Y H T A A B
H U O Y X N M I T D G M O T A E P C R Y
T D B P F L Z U D L E J I R H S O H W N
E K T I S L V A A Z N C O P H B F G H O
S J X H C X R C N S D B A A B R A H A M
F A O Q F K J Q O P E J D I K H U O E O
R X R N J M A D A D B R A G A H H H V L
F B C A A S I Z L U A C Y M M O S E S O
E I O N H H B C H C N X A C K N O A V S
K F A I P E S T H E R N V I O C J V U E
U C T D F V F Z H A H Y Z A N C Q U M L
A P B G H S O D K M L E H C A R M K D C
```

ABEDNEGO	HAMAN	MORDECAI	SETH
ABRAHAM	ISAAC	MOSES	SHADRACH
ADAM	JACOB	NOAH	SHEM
CAIN	JAPHETH	RACHEL	SOLOMON
DANIEL	JONAH	REBEKAH	
DEBORAH	JOSEPH	RUTH	
ESAU	JOSHUA	SAMSON	
ESTHER	MESHACH	SAMUEL	
EVE	MICHAL	SARAH	
HAGAR	MIRIAM	SAUL	

Solution on page 155

```
J J C Y U P H O J S O T R K L O Z E E D
L C X K D E M O N S I U D C U G I K U F
R J X T D E N I L P I C S I D H N M K X
U W Y G M F R Z D Y W F J Y E T E H L Y
O A N V F B A P T I S M J L P W V I Q R
E X A Q G W J L L S Z P L C T O A E E T
T N V C I M U O E O C H I L D R E N V A
E B X X F S G N Y R V Z H R V G H A E L
R L U S T O E U S T N E M T I M M O C O
N T T P S V D T P S L C N O I T O V E D
A C S S I T S L E G N A K Q N A G G K I
L I I G R H T I H Y A R Y Q Y G F S D W
L P R R H J S C T D T G V O F N E I G U
I O H X J B R R U N C U D R L I E X F G
F E C A D U L T E R Y I A A M T C H R H
E W I H H B D M L D H K V E E S T I Z D
L P T C A O G G Y C A E N F B A E R W D
T M N H L D W J I G R E E D E F A K L S
W T A L U L R D N N E C L D R W O Z K Z
G Z B J R O C A G Z G E J L R G J O Q L
```

ADULTERY
ANGELS
ANTICHRIST
BAPTISM
BEAUTY
CHILDREN
CHURCH
COMMITMENT
DEATH
DEMONS
DEVOTION

DIET
DISCIPLINE
ENEMIES
ETERNAL LIFE
FAITH
FASTING
FEAR
FORGIVENESS
GIFTS

GOSSIP
GRACE
GREED
GRIEF
GROWTH
HEAVEN
HELL
HOLY SPIRIT
IDOLATRY

JOY
JUDGING
JUDGMENT
LEADERSHIP
LOVE
LOYALTY
LUST
LYING

Solution on page 155

Bible Topics M–Z

```
D N Y T E J O S D R A W E R H V I Y R C
R O X H G C E T Y S U F F E R I N G N T
S I T C I L N I P W Y L X Z L U O O C O
G T N A C P A A O A N C E W T L I A J C
B U N A X Z P R T I T E R E Z T T C X M
X T R E F E S T N N P I M E U V A P N S
N I E I M H S S R J E P E C M P T O M U
M T W P I D E H U U T P E N R C I S I N
I S O P N S N A T A S S E A C T D S G L
D O P J I O S A T A R T Y R C E E E K Y
R R R M S L U I M E B E P E H M M S C L
V P O S L G O J P M R B R V W S S S S B
V R P R T N E N U E O R A E I A S I U B
P L H E C I T M A S U C A S C L E O C M
W M E B W H H P O S M L N R A V S N S C
T U C I N C G C E D T Y I E R A I S E W
H E Y R A A I R Y H S F Z P T T A A C B
G N I T N E R A P S I I E G A I R R A M
K I X H T T H P D C E B W E V O P O E Y
Y W Y Y O A D N E I G H B O R N X H P Q
```

MARRIAGE

MEDITATION

MERCY

MIRACLES

NEIGHBOR

PARENTING

PATIENCE

PEACE

PERSECUTION

PERSEVERANCE

POOR

POSSESSIONS

POWER

PRAISE

PRAYER

PROMISES

PROPHECY

PROSTITUTION

REBIRTH

REPENTANCE

RESURRECTION

REWARDS

RIGHTEOUSNESS

SABBATH

SACRIFICE

SALVATION

SATAN

SIN

SOCIETY

SUFFERING

TAXES

TEACHING

TEMPTATION

TEN COMMAND-
  MENTS

TRUST

WEALTH

WINE

WISDOM

WORSHIP

ZEAL

Solution on page 155

Preachers

```
D M A R K H A N S O N O S I N I K M A S
Y Y J O H N C A L V I N Y D O O M L D H
B N E A W N O S R E H P C M E E M I A L
O J S R E G O R D E R F K T H N E D B L
M N S G N I K R E H T U L N I T R A M S
H P E T E R M A R S H A L L R C T W T Z
Q D J O H N W E S L E Y H I Z Q M T G L
D R A V R A H N H O J G C H U B P E E L
Z J C T E E B A K C U H E K I M K U O E
O O K R T E K N N O B D R A H N I E R W
L H S F E P E M C O D A C U L X A M G L
A N O L B Y G S N O E G R U P S H C E A
L D N X N E E H S P O H S I B S R V F F
E O Y R H L O B I L L Y S U N D A Y O Y
V N O S R E K L I W D I V A D B N G R R
I N G A F E T R C O T T O N M A T H E R
T E H F Y E Y T B I L L Y G R A H A M E
T C E L I S E O S O R I A N O W H T A J
X R T U Q B J R D A L S H A R P T O N R
B O B J O N E S I R E Y E M E C Y O J U
```

AIMEE MCPHER-
SON
AL SHARPTON
BILLY GRAHAM
BILLY SUNDAY
BISHOP SHEEN
BOB JONES
CH SPURGEON
CHARLES
COUGHLIN

COTTON MATHER
DAVID WILKERSON
DIETRICH BON-
HOEFFER
DL MOODY
ELISEO SORIANO
FRED ROGERS
GEORGE FORE-
MAN
JERRY FALWELL

JESSE JACKSON
JOHN CALVIN
JOHN DONNE
JOHN HARVARD
JOHN WESLEY
JOYCE MEYER
MARK HANSON
MARTIN LUTHER
KING
MAX LUCADO

MIKE HUCKABEE
PETER MARSHALL
REINHARD
BONNKE
SAM KINISON
ZOLA LEVITT

Solution on page 155

Parables

```
S W D Y W P U N J U S T S T E W A R D S
G H R I C H M A N A N D B E G G A R O E
S E R V A N T S W A I T I N G M A W Y R
R E M N D U P A I A K V Z M Y Y E P G A
O R I U N M E R C I F U L S E R V A N T
T T G S D X A I K L T H H N N E Y R O H
B G O N R G R M E E T H I P R P E A S G
E I O O E K L U D A E V D E U P N B L I
D F D S H T O S H F N D D E O U O L A N
O N S O P E F T U I T R E H J S M E G T
W E A W E N G A S N A A N S R T T O I A
T R M T H V R R B G L W T T A A S F D D
H R A H S I E D A F E I R S F E O P O N
E A R B D R A S N I N N E O A R L O R E
V B I Q O G T E D G T G A L N G E U P I
I K T B O I P E M T S I S C O L A N W R
N W A R G N R D E R S N U B N G V D Z F
E L N U K S I R N E G N R R A A E S H Z
C L O O F H C I R E P E E E M E N C F T
Q W O D I W E T A N U T R O P M I W Q L
```

BARREN FIG TREE

DRAWING IN NET

FRIEND AT NIGHT

GOOD SAMARITAN

GOOD SHEPHERD

GREAT SUPPER

HIDDEN TREASURE

IMPORTUNATE
   WIDOW

LABORERS IN
   VINEYARD

LEAFING FIG TREE

LEAVEN

LOST MONEY

LOST SHEEP

MAN ON A FAR
   JOURNEY

MUSTARD SEED

PARABLE OF
   POUNDS

PEARL OF GREAT
   PRICE

PRODIGAL SON

RICH FOOL

RICH MAN AND
   BEGGAR

SERVANTS
   WAITING

SOWER

TARES

TEN TALENTS

TEN VIRGINS

THE VINE

TWO DEBTORS

TWO SONS

UNJUST STEWARD

UNMERCIFUL
   SERVANT

WICKED HUS-
   BANDMEN

Solution on page 155

```
H D R A D N A T S D E S I V E R J Q E M
H S I L G N E D L R O W H A R O T N M E
C I I V E T U S L A T I N A Y O G D P A
U M Q L C O V E R D A L E B D L E A H R
E P S X G E L A D N Y T R A I A R R A T
T L N E B N N O N A C A Y S D A S E S S
A E A M M L E X I T D S H S M U G C I C
T E T A R A X Y N S E S E A T T A O Z R
N N T S R M J I R N T A I P V H W V E O
E G I O O S G G G A S C E I K O Y E D L
P L H R N A O L N C R C I A Q R C R T L
F I S E U T I D R I E O N N U S L Y A U
G S E T H S A O G R K A P T A H I V R T
O H P I H R L R S E T C N M K I F E G H
D E C C D L E U T M N E K C E P S R U E
S B A T S E T A I A C O L F R T N S M R
W R I E K X G N E W L I V I N G N I E K
O E R X E L E F E R R A R F E N T O N M
R W Y T U D D N H S I L G N E W E N C Y
D D S V R J T V W U L F I L A V E N E G
```

AMERICAN
   STANDARD
ARAMAIC
ARTSCROLL
AUTHORSHIP
CANON
CONTEMPORARY
   ENGLISH
COVERDALE
DARBY
DEAD SEA
   SCROLLS
EMPHASIZED
ENGLISH
   STANDARD
FERRAR FENTON
GENEVA
GODS WORD
GOTHIC
GREEK
HEBREW
KING JAMES
LAMSA
LUTHER
MASORETIC TEXT

MESSIANIC
NEW CENTURY
NEW ENGLISH
NEW LIVING
ORRM
PENTATEUCH
PESHITTA
QUAKER

RECOVERY VER-
   SION
REVISED STAN-
   DARD
SEPTUAGINT
SIMPLE ENGLISH
SYRIAC
TANAKH
TARGUM

TEXTUS RECEPTUS
TODAYS ENGLISH
TORAH
TYNDALE
VETUS LATINA
VULGATE
WORLD ENGLISH
WULFILA
WYCLIF

Solution on page 155

CHAPTER 2: **The Old Testament**

Parting the Sea

```
P Y V J C H X I I G L E F H A Y C Q A F
N Q V K F K A J W D O X F M T C Q Z B D
R E X V U W Y C L U O Y X K Z M O S E S
A W P F O O H X T S D I M O R F Q M R S
V Q N K G B L W I F T L J O D Q A E E D
Y T X M B K P I U U L H V L F D T C F X
R W Z O D X L N W R O E G L E A R S I C
P P U R S U E D H R R A E I W O M S B N
M S O N Q H X K S N W V U A F R T C T V
Y L G I Z D Q E L S P I L L A R S S N V
L N P N U H M W D Q L L A W O J I A E J
X H A G A E F I C X U Y E N T H R E W Y
Q U A G N N V E H M X W G A W Q O M H D
G N O O A I R G A K G E D C H T A Q O T
Y E L S D I G D R S Y O G P E E Z W N Q
D R M E F P N G I O T N I B E I N G D I
Y O D B O N I S O R U T F E L O F X R Y
P F L A N D A U T L D N A H S W P Z O L
D E H C T E R T S Y C W D E K O O L V N
G B X K Z Z E J Q T N V A R R A F T E R
```

Exodus 14:21–25

Then **Moses** **stretched** **out** his **hand** **over** the **sea**, and the **LORD** **drove** the sea **back** by a **strong** **east** **wind** all night and **made** the sea dry **land**, and the **waters** were **divided**. And the **people** of **Israel** **went** **into** the **midst** of the sea on dry **ground**, the waters **being** a **wall** to them on **their** right hand and on their **left**. The Egyptians **pursued** and went in **after** them into the midst of the sea, all Pharaoh's horses, his **chariots**, and his **horsemen**. And in the **morning** watch the LORD in the **pillar** of **fire** and of cloud **looked** **down** on the Egyptian **forces** and **threw** the Egyptian forces into a panic, **clogging** their chariot **wheels** so that they drove **heavily**. And the Egyptians said, "Let us **flee** **from** **before** Israel, for the LORD **fights** for them **against** the Egyptians." (ESV)

Solution on page 156

A Time for Everything

```
F G S C K P D T R E H T A G E L O T R N
C J R Y P Y B K N W O D I C O X L B P R
Y X G C V H L T N E L I S V T H R O W O
P Y Y Y D G I X E I R A E T V I O G O F
J L M E O B Q R U P G G A A K Q V N W R
S Q G E J Y T B V A X F R E F R A I N O
S O Z L U M V G R L R U C J D D T H T O
I E F P T M E H A T E P H S E N O T S Y
R H K H X N P R N R D R M Y H N G Y D R
H S O Y J F Z C N A N O E W E E P R A S
R L J E R C H O H Y U O V T G A A E N J
Q A R X S V D D I R N T I H T W C V C E
A R I U X L M M N P H R G E E A A E E N
F P O D L E J D I E H E O A R Y C R O N
V N Z E T I M E R E G C R B F L K S L H
I Y P T F U J E F K A A M P T N A L P O
A R H B Q T X U N K A E P S B E I U G F
V T G C V G L Z H D B P O Z S K K I G C
K N J U O H Y F S C J T V T A G X Q J H
A A T Z B G U S P E I V E L X S C A A B
```

Ecclesiastes 3:1–8

There is a **time** for **everything**, and a **season** for every **activity** **under** **heaven**: a time to be **born** and a time to **die**, a time to **plant** and a time to **uproot**, a time to **kill** and a time to heal, a time to **tear** **down** and a time to **build**, a time to **weep** and a time to **laugh**, a time to **mourn** and a time to **dance**, a time to **scatter** **stones** and a time to **gather** them, a time to **embrace** and a time to **refrain**, a time to **search** and a time to **give** up, a time to **keep** and a time to **throw** **away**, a time to tear and a time to **mend**, a time to be **silent** and a time to **speak**, a time to **love** and a time to **hate**, a time for **war** and a time for **peace**. (NIV)

Solution on page 156

An Eye for an Eye

```
H L Y E G D F R A C T U R E V E O H W K
J T D S V R W E K A M E E S Z T I B I E
A S X R D E D N A M M O C P J T R L N E
T T G R E V S R E N B D E A T H L R F T
T O Z F N E L U R I E L E A R S I I F H
I N F Q O T T O P L G F D S H A L L Q N
Z E C Z Y A A J P U F H T O R U O Y H A
B S V B N H K O Y P G B B R O U G H T C
A Q T I A W E S U I L I G O A G C A G A
J G M B T P S N V T O D W Y R U J N I M
U A G P Y A D E O T I I X L E M O O O P
L I A M M D N X M D T E Y E C G D S N Z
C U V E F H O B H A V U K R M Z E R B F
G F J U A E W O X P N A M U H S O E O R
S H Z C Q H V K Q G K L G S N K K P T L
O J P Q P D B T Z Y G S Z T O O T H L O
W R P F V N V K L Z R K N R P X S H H V
B K J X V X K J K A B K H S T L K G J V
H S Z C Q X D N K Y J Q K T W B S Y Q L
Y C C O T Y C B Y E V Y Q S P W T D J B
```

Leviticus 24:17–23

"**Whoever** **takes** a **human** **life** **shall** **surely** be put to **death**. Whoever takes an **animal**'s life shall **make** it **good**, life for life. If **anyone** injures his **neighbor**, as he has **done** it shall be done to him, **fracture** for fracture, **eye** for eye, **tooth** for tooth; **whatever** **injury** he has **given** a **person** shall be given to him. Whoever **kills** an animal shall make it good, and whoever kills a person shall be put to death. You shall have the **same** **rule** for the **sojourner** and for the **native**, for I am the **LORD** **your** God." So **Moses** **spoke** to the **people** of **Israel**, and they **brought** **out** of the **camp** the one who had **cursed** and stoned him with **stones**. Thus the people of Israel **did** as the LORD **commanded** Moses. (ESV)

Solution on page 156

Jonah and the Fish

```
U A A E S W A L L O W S S O F S U H N H
C C P L A A D I O G A C N E M V V E C T
W C P Z C I E P O W S Y A D R R M M O Y
K O V E R B O A R D E R E F F O G O U L
G U G N I K A T F O E U L Y T C R C L M
E N O G F C R I E D V E P L E A S E D D
N T H E I R L Y O G J I U T U L W B O J
I A Y A C K V K K O P A D A R M O B N J
Z B T N E C O N N I F G B E F O R E E U
Y L E D N A L A W O L U P R D V H S C F
M E T U P B H K C I P L L G A A T T J F
J D B N J E G L F O I W I N U G R H J P
F A I Y W C L E N E D I S N I F I S H U
Z M K A X V H P D V L L T N G G M N J B
D N O L P V O X D E A D O J F K H L G X
D T K Z X F H W O N K E A R M R O T S J
F D L I F A Z J S P F R S F D I E O S L
S L D K V O Y T I V M W Y F W B G I T M
T L V S C C N B J M Z W I V X U C Y Q A
M G J P F U L P W M E P Q O G G Q L B U
```

Jonah 1:12–17

"**Pick** me up and **throw** me into the **sea**," he **replied**, "and it will **become** **calm**. I **know** that it is my **fault** that this great **storm** has come **upon** you." Instead, the **men** did **their** **best** to row **back** to **land**. But they **could** not, for the sea grew **even** **wilder** than **before**. Then they **cried** to the **LORD**, "O LORD, please do not let us **die** for **taking** this man's **life**. Do not hold us **accountable** for **killing** an **innocent** man, for you, O LORD, have **done** as you **pleased**." Then they **took** Jonah and threw him **overboard**, and the **raging** sea grew calm. At this the men **greatly** **feared** the LORD, and they **offered** a **sacrifice** to the LORD and **made** **vows** to him. But the LORD **provided** a great **fish** to **swallow** Jonah, and Jonah was **inside** the fish three **days** and three **nights**. (NIV)

Solution on page 156

Daniel and the Lions

```
D Q F Z L F F X F I A G O U P F W R D N
E Y K H M M X E U S D X U S U B P Z G R
I O Z E K A B M B L E I N A D C U L A K
Y E U Z E V W D H Y C T B I G O A E S Q
B E D P Y L A H Q O L T L D J S N Q N I
Y I S O L L I X E U A A L I J T N E S A
W T S W G O L V C R R K D F O G L W H U
S K E W U B Q A I L E E S N O N F H S X
G C L F M R J C U N D N S F M R S I Y R
W C E X C E E D I N G L Y J F I E X E W
A H M J R A O N A U I B U O U E D V S R
C F A N R K L M O P N T T G G N I K E E
L I L P D F M S J T A O N D B L M M R R
L Y B F K O I M O R F A X O E L B A V O
N S Z O C U T O E N R O S D C M C A A F
W E S O D N E H T O A B H H A C R F N E
N M I W E D A W S C D E T S U R T A T B
Y T K W W A V E A Z Y B U B S I U V H O
P L M E I W D M H P E W O H E E H C I A
Y R H B P G E K A C P P M P E D S K T C
```

Daniel 6:19–23

Then, at **break** of day, the **king arose** and **went** in **haste** to the den of **lions**. As he **came near** to the den **where Daniel** was, he **cried** out in a **tone** of **anguish**. The king **declared** to Daniel, "O Daniel, **servant** of the **living God**, has **your** God, **whom** you serve **continually**, been **able** to **deliver** you **from** the lions?" Then Daniel **said** to the king, "O king, live **forever**! My God **sent** his angel and **shut** the lions' **mouths**, and they have not **harmed** me, **because** I was **found blameless before** him; and **also** before you, O king, I have **done** no harm." Then the king was **exceedingly glad**, and **commanded** that Daniel be **taken** up out of the den. So Daniel was taken up out of the den, and no kind of harm was found on him, because he had **trusted** in his God. (ESV)

Solution on page 156

Goliath

```
V G M Z N J S P E A R F E A V U N M E U
X W H C E O C S T D Y V H J O G W J S P
F G M J H K R H A Q I Y Y N U W W J B L
W C H D H L P I I R Z S S W F T P E K I
V D O C I B E E S R B Q A T O M C K N P
R K E A S F N L R N F B Y A A U N K X T
A N M D T C L D A O R A W R B F T H H N
N P C C N H F V E P F H M I J Z F E M U
N R H N W A G M L U O E T Y X P R L N W
P D Y I A M S I J S D S B J E E V M H O
X Q E N L P E U E S Q R E N T V Q E H T
G L V R G I S R O W M E A E K N I T E Q
F K F L D O S V V H X D R E F G A F L T
L V B T T N L T H K T L I W H G I L Y S
M O Z J Z Z U I I M O U N T A I N E L T
U B C O D A E H A N L O G E P V L E E O
W C W F T H D W A T E H B B B L K G S O
G K A O O C A M P P H S E V A E R G P D
K K M W G R E H T O J X Z V H A E V V A
X J U E I D W T L R Y N P S T L I C S Q
```

1 Samuel 17:3–7

And the **Philistines** **stood** on a **mountain** on the **one** **side**, and **Israel** stood on a mountain on the **other** side: and **there** was a **valley** **between** them. And there **went** **out** a **champion** out of the **camp** of the Philistines, **named** **Goliath**, of **Gath**, **whose** **height** was six **cubits** and a **span**. And he had an **helmet** of **brass** **upon** his **head**, and he was **armed** with a **coat** of **mail**; and the **weight** of the coat was **five** **thousand** **shekels** of brass. And he had **greaves** of brass upon his **legs**, and a **target** of brass between his **shoulders**. And the **staff** of his **spear** was like a weaver's beam; and his spear's head weighed six **hundred** shekels of **iron**: and one **bearing** a **shield** went **before** him. (KJV)

Solution on page 156

My Beloved

```
V K E N U P M L H D J U Y L W S C Y J H
Y E K E H Z Q O D G S O S K L N U H R A
Y D Y C S J B B U W U K K L E K L Y Y L
E Y Z E V G R E E N G N I P A E L C B S
Q W I M J L W Y G S T H P E R A A B Q E
N G H Z D I R A E P P A P R T S W Y D C
Q Y O P Y X R A Z A G K I G H U T P G M
M J H H K A B U X K W A N N I T H H A D
Z Q L T H F Y N H E F A G F S V T S P K
F M B E C I T T A L F K Y R T S E W L R
J F K T O H M O X O O G E O A G M O S X
W Z H T V G A S R P P W O P N V O D T S
L H G U O R H T E N O G E I D K C N D S
S K V P I A H R I L Y G W L E N A I L B
Q M J S C P R A F V F E T T T H I W O U
V R E V E E Z H N B H N H E H R G H H T
D N A L V S C B S I N G I N G U E E W
H I O O L L I U K A K R P V X D A T B B
H Q A P X E R U R Y F K D T M R E I S Q
T H Y S U Z B Q A Y B I G S D N S R O E
```

Song of Solomon 2:8–13

The **voice** of my beloved! **behold**, he **cometh** **leaping** **upon** the **mountains**, **skipping** upon the **hills**. My beloved is like a **roe** or a **young** **hart**: behold, he **standeth** **behind** our **wall**, he **looketh** **forth** at the **windows**, **shewing** **himself** **through** the **lattice**. My beloved **spake**, and **said** **unto** me, Rise up, my love, my **fair** one, and come **away**. For, lo, the winter is **past**, the **rain** is **over** and **gone**; The **flowers** **appear** on the **earth**; the time of the **singing** of **birds** is come, and the voice of the **turtle** is **heard** in our **land**; The fig tree **putteth** forth her **green** figs, and the vines with the **tender** **grape** **give** a good **smell**. **Arise**, my love, my fair one, and come away. (KJV)

Solution on page 157

The Death of Samson

```
E O F H J I Y U U H N V K S N H N S A C
N D R X V J L T P W M F T R D N E G K A
M W G K J K N L O A T H S E C Y R L K I
G E H A L A O D N O G F P B E A Y L A W
S U Z I Z N Y O P I K S Z M V H L E R Y
K I E T C W A L E A A W A E C N I L D O
X G K E G H A W E R Y C N M B E M D E F
B K D D L C F M G E K G S E O H A D A D
E V C G E L T B V I E M S R W S F I T G
C Q C H M S V D N D P O X P E H O M H C
O F M D S F A F H E H J Q N D H O B G M
L R F G E L E E C T H L I C C I T M U V
L N S W M U T S L Y V T E P G D F O O E
K A U E C T G R M P S A G A I N S T R F
X D W X H Z X D E I R U B N N L I W B B
C L G G O A E O L H D L I U E E L R F S
L H I R U V P I D E T S E R B R D A U D
E R A F S L H N O S M A S F V M T U R D
E H J N E P O K N V C I F M T Q W S K S
V P P W D W O C B E D D F U Q O O C R Z
```

Judges 16:28–31

Then **Samson** **called** to the LORD and **said**, "O Lord GOD, **please** **remember** me and please
strengthen me **only** this **once**, O God, that I may be **avenged** on the **Philistines** for my **two eyes**."
And Samson **grasped** the two **middle pillars** on **which** the **house rested**, and he **leaned** his **weight**
against them, his **right hand** on the one and his **left** hand on the other. And Samson said, "Let me
die with the Philistines." Then he **bowed** with all his strength, and the house fell **upon** the lords and
upon all the **people** who were in it. So the dead **whom** he killed at his **death** were more than **those**
whom he had killed **during** his **life**. Then his **brothers** and all his **family came down** and **took** him and
brought him up and **buried** him between **Zorah** and **Eshtaol** in the **tomb** of **Manoah** his **father**. (ESV)

Solution on page 157

The Birth of Moses

```
Z L H S T H O Q Q D L U O C C C F N B R
E J C X S D A U E O D O O T S K Y D D P
P Q R Q E T L P X W F A R I F I W M X C
C O U K C D A I P N T Q O X K O U T B O
R W M B E D H N H E B J L V R T N E W B
U D D I V S K A D C N I X U U A I L D R
V B R J J Z E M U N P T R I H B L G E C
S Z Z E C G N O M A A B A T H E E U W Y
P Q F R V J Z W P T I Y O R H C V S O E
N Y R O J I R Y T S G X D C O A I H U W
L P I E D T R E F I Z N E K W M T J L V
C P M S E U N B N D W A I T P E E N D T
I L X H S D A U G H T E R K K B O E H Y
F H O T A B S V A C L N R S L P C E N I
G O B N Y X A T E T E V A G E A M P E H
F U T O G H H N Y I F B M N L S W P J W
S S G M M E I R K P E B E P G N O L A A
T E K Q U F R D V R B D D G G E V A L S
A Q N U K O V P E Y V W R R G I R L I B
M T O T S Q U O N C C P H P I G R P O B
```

Exodus 2:1–6

Now a man of the **house** of Levi **married** a **Levite woman**, and she **became pregnant** and **gave birth** to a son. When she **saw** that he was a **fine child**, she hid him for three **months**. But when she **could hide** him no **longer**, she got a **papyrus basket** for him and **coated** it with **tar** and **pitch**. Then she **placed** the child in it and put it **among** the **reeds along** the **bank** of the **Nile**. His sister **stood** at a **distance** to see **what would happen** to him. Then Pharaoh's **daughter went down** to the Nile to **bathe**, and her **attendants** were **walking** along the **river** bank. She saw the basket among the reeds and **sent** her **slave girl** to get it. She **opened** it and saw the **baby**. He was crying, and she **felt sorry** for him. "This is one of the Hebrew babies," she said. (NIV)

Solution on page 157

The Burning Bush

```
A B N T R E H T I H V G F C C H G I N M
A N A M S G R J S X F E M A L Y N L I U
J K V T J E T H R O H I M L T G Y C A O
J D I S S H D E W S D E R L Q H J O T Y
S Q J E J M C N U I T D A E V Y E H N D
U F D I Y Z W B A C K S I D E O O R U T
V A L R S Z F N E T I E D E M U S N O C
C G R P L A C E A D S L G R O U N D M G
V W A S N M S E E H O L Y A D R A W X Z
V L S B W S R B D H N E V E U W A U D S
X Z Q S I G H T E T N J N P M K X Y Q Z
G Y Z E Q K U B K M X R S P W A L F H B
Z M Q E V U C H O T U O E A I M L X C U
A R O N T N Z S O T I Z B E R O H F Q D
V S U Z R A E L L H C B O S C R K E L R
F G I N G S S G E X U T Y K U F E E I D
O U F Y T E E O G R F O N P E U U T P Z
F R B M L O R D N O R D I T J M Z L A T
Y P J P U H E T A K K Y T F E D N E T Z
I Q Z O Y S A I D H X E V R W O K S Q X
```

Exodus 3:1–5

Now **Moses** **kept** the **flock** of **Jethro** his **father** in **law**, the **priest** of **Midian**: and he led the flock to the **backside** of the **desert**, and **came** to the **mountain** of **God**, **even** to **Horeb**. And the **angel** of the **LORD** **appeared** **unto** him in a **flame** of **fire** **out** of the midst of a **bush**: and he **looked**, and, **behold**, the bush burned with fire, and the bush was not **consumed**. And Moses **said**, I will now turn **aside**, and **see** this **great** **sight**, why the bush is not **burnt**. And when the LORD saw that he **turned** aside to see, God **called** unto him out of the midst of the bush, and said, Moses, Moses. And he said, Here am I. And he said, **Draw** not **nigh** **hither**: put off thy **shoes** **from** off thy **feet**, for the **place** whereon **thou** **standest** is **holy** **ground**. (KJV)

Solution on page 157

Walls of Jericho

```
D A W R P G V I G S H O B D G V W X V X
D T O X A R I U T U T I C I K V J X B Q
V E L P O E P U R T J I E N E E X S U O
J L L A F H I S S B F G G W U H E T Z A
L N T W H C C Y S F V G E Y B R O Y B G
M D N U O S A I T A Q T A L L K G W Y T
Q Z D P D D P K R I P I N T O K S I F R
B J U N Q M X R A E C M Q W R P N F N B
O R A V X L I V I R J E O P D R A E B I
H H R H D O S G G E K S T C G A E E M B
B L O W O I D P H E S H Y A U N F X J H
I L D R W F M C T T E T M H Q O O Y F E
P A L V N E K A M R Y A S T R C R L T A
R W T S E S S B E W U O W E D E A D B R
Q J H H V A L O U R J M K K V T N L O T
T K M Q I S F U Y N W R P E A E A U U V
E Q Z D G N C T G R E X W E C S N O D N
D P F M S M E Y V I C Y R S T D H T I D
A H X M P J L N K I N G A J L S T L H S
F Q V H H K T O Y K O K W H A J J Z W F
```

Joshua 6:2–5

And the **LORD** **said** unto **Joshua**, See, I have **given** **into** **thine** **hand** **Jericho**, and the **king** **thereof**, and the **mighty** **men** of **valour**. And ye shall **compass** the **city**, all ye men of war, and go **round** **about** the city **once**. Thus **shalt** thou do **six** **days**. And seven **priests** shall **bear** **before** the **ark** seven **trumpets** of rams' **horns**: and the **seventh** day ye shall compass the city seven **times**, and the priests shall **blow** with the trumpets. And it shall come to pass, that when they **make** a **long** **blast** with the ram's horn, and when ye **hear** the **sound** of the trumpet, all the **people** shall **shout** with a **great** shout; and the **wall** of the city shall **fall** **down** **flat**, and the people shall **ascend** up **every** man **straight** before him. (KJV)

Solution on page 157

```
H E X I J B H K O Y Y I D E M A N W V P
I O T H E M I K Y F D Y T Q E Q K B A O
F J U E G Z W N O R J A J O E G A M I Q
Y O L Z Y Y R U I S H T A E N E B T N D
W M T T P N R H Y Q Y G N I Q O N G B F
Y R W C T T T V K T U C T B Z O P C O Z
Q N Y I H U U Z O V E I R F N W O D N B
G V Q M Y E V T U T S Z T E K M Q H D N
H E J G S W B P O I J H H Y M B P T A Q
A B O V E D B N V N O I T A R E N E G O
D K I R L O V E Y U T H N O E A F K E J
G M O R F I K M S T E D U D O A T A D K
W D N B S X K A H A M G S W T I R T L P
T S D L C R N E V E H J E H H U N T O U
V O L O R D E E N T E S E V E H C I H W
T J I U S V N T V E H R H A R W F U S X
X F Y Z P O S N A A S T O S L E I J U J
T J D W P D N A L W R S U F Q O S N P X
Z P K U F C Z T T S M G S O E S U D G D
J F Z V U D Z H P N Z K E A T B V S M E
```

Deuteronomy 5:6–11

I am the **LORD** thy God, **which** **brought** **thee** **out** of the **land** of **Egypt**, **from** the **house** of **bondage**. Thou **shalt** have **none** **other** gods **before** me. Thou shalt not make thee any **graven** **image**, or any **likeness** of any thing that is in **heaven** **above**, or that is in the **earth** **beneath**, or that is in the **waters** beneath the earth: Thou shalt not bow **down** **thyself** **unto** them, nor **serve** them: for I the LORD thy God am a **jealous** God, **visiting** the **iniquity** of the **fathers** **upon** the children unto the **third** and **fourth** **generation** of them that **hate** me, And **shewing** **mercy** unto **thousands** of them that **love** me and **keep** my **commandments**. Thou shalt not take the **name** of the LORD thy God in **vain**: for the LORD will not **hold** him guiltless that **taketh** his name in vain. (KJV)

Solution on page 157

Vanity of Vanities

```
E I O Y H X O I W Y J U H T G G R Z K R
Q B Q Y H T C K U L H F I A F W D V N O
H A E P I U R G R L Z Q S G T Q I U T M
G O E D R A W O T A B I D E T H X N M D
H E U R U O E G N U R N L G X R I U D W
U O B A U T F J N N O I E P H E X N V Y
Z S G X P O X I A I H A S T E T H D G G
F W R R U H B U T T R I I E E T T E U S
Y Q P I Y P T A J N M A U Y T U E R H F
L K B P V D R V L O S K E N P H M O R F
D O F H W E L E A C T P A H T U O S I P
I E P T N O R N A A I M C V C O C L L H
G N I E E S H S Y C V R E H T O N A N C
H E G N U Z H P W L H N C K Q P C C I Q
W H I R L E T H L R T E U U A E O F A Q
H C S U H G J U K Y A N R S I W I L G M
A S A T I S F I E D K O S E I T I N A V
T V E E N A M D P H E E A A R O S E W K
L O U R G C A N N O T X D K G O Y S A J
G W U H G Y B J K H H D T M Z E L H Y D
```

Ecclesiastes 1:2–8

Vanity of **vanities**, **saith** the **Preacher**, vanity of vanities; all is vanity. **What** **profit** **hath** a **man** of all his **labour** which he **taketh** **under** the **sun**? **One** **generation** **passeth** **away**, and **another** generation **cometh**: but the earth **abideth** for ever. The sun **also** **ariseth**, and the sun **goeth** down, and **hasteth** to his **place** where he **arose**. The **wind** goeth **toward** the **south**, and turneth about **unto** the **north**; it **whirleth** about **continually**, and the wind **returneth** **again** according to his **circuits**. All the **rivers** run **into** the sea; yet the sea is not **full**; unto the place **from** whence the rivers come, thither they return again. All **things** are full of labour; man **cannot** **utter** it: the **eye** is not **satisfied** with **seeing**, nor the ear filled with **hearing**. (KJV)

Solution on page 158

God Creates Woman

```
A N H H T R L L E U B S V G D E S U A C
T M L E A V E L O R R H S C D E V A G P
P K K L K Y G P K C O T S E V I L C I O
D B Q U E S B U L L U F M O M B M L T B
L D Q S N A Z E D E G A E R I O D O A F
N Q Q S J X H F A T H E R R T E C S I C
Q J N Q R C L V M S T R D H E A V E N S
G C M A Z E V X A V T S E P U H L D B E
A Z K V S W C O E V E R Y G O D T N G N
B W M H G Z Q A Q N A D W I F E L U W O
G M I C V B S W L E Q K P Z D K G O A B
Z N H Q L U J A J P L B N Z V A E F E T
W Y X B T O S G R L D K O O T N A M E S
D J Y V R T U Q O G W Y O S P K J S H L
O E M L K M A A V D B H A X H U B A A E
J J T L H D E X S R M F W W H I L E Y P
W H Y H F E D K U O A G O J R L Z P Z T
U U P R Q K S C U L D M G S O D B H O U
V Z X X S A D Y L Q A U Y F Z H W C J V
O S I S V E J X R N Q Y O W X I I Y Q V
```

Genesis 2:20–25

The man **gave** **names** to all **livestock** and to the **birds** of the **heavens** and to **every** **beast** of the **field**. But for **Adam** there was not **found** a **helper** fit for him. So the **LORD** **God** **caused** a **deep** sleep to **fall** **upon** the man, and **while** he **slept** **took** one of his **ribs** and **closed** up its **place** with **flesh**. And the rib that the LORD God had **taken** from the man he made into a **woman** and **brought** her to the man. Then the man said, "This at **last** is bone of my **bones** and flesh of my flesh; she **shall** be **called** Woman, because she was taken out of Man." **There-fore** a man shall **leave** his **father** and his **mother** and **hold** **fast** to his **wife**, and they shall **become** one flesh. And the man and his wife were both **naked** and were not **ashamed**. (ESV)

Solution on page 158

Forbidden Fruit

```
B Q I L L G P J C U I H J C B Q K B F G
K V C S N C D O O F A W F O G L J M U M
O J U M G R O I C R A I M V D D V C P L
H A N W A A F O A S M D H S M O X Q E J
Q X E B I A R N L R E E F A J Z T D T K
O Q P R C B U D L H F W D Y T K P E L S
E P A P Z Q I E E N Q A E R O T G I V E
Z T Z Q A J T N D N Z L I D O N C P B O
M J A D L N O E L F K A T K L M R Y H
E S H J L T V P W H W I S E H I D Y P K
D E M H N A M O W C X N U D L E T R B V
X Y Z U G Q F M F T O G E T H E R W Z J
X N H B R D L H P R E S E N C E A E M U
K E H X K V E Y M G I F Y A D D M V O F
F T F P L A S N O R P A N S N T O G E F
D P G I R Q Y E E I W A J A Y H N B C S
Q Z A D W W M D Y M K A B E D O G U I U
R Z N S E E R T H E M S E L V E S U O A
W A T V N A A V D K U H V P G S T H V G
M Z R V K T A I F H I K Q D C P T N U J
```

Genesis 3:6–10

And when the **woman** **saw** that the tree was good for **food**, and that it was **pleasant** to the **eyes**, and a tree to be **desired** to make one **wise**, she **took** of the **fruit** **thereof**, and did **eat**, and **gave** also **unto** her **husband** with her; and he did eat. And the eyes of them both were **opened**, and they **knew** that they were **naked**; and they **sewed** **fig** **leaves** **together**, and made **themselves** **aprons**. And they **heard** the **voice** of the **LORD** **God** **walking** in the **garden** in the **cool** of the **day**: and **Adam** and his **wife** **hid** themselves from the **presence** of the LORD God **amongst** the **trees** of the garden. And the LORD God **called** unto Adam, and said unto him, Where **art** **thou**? And he said, I heard thy voice in the garden, and I was **afraid**, because I was naked; and I hid **myself**. (KJV)

Solution on page 158

```
X C F E K T C L O M E I X B N Y Q T D Y
I D V M F N F O S C Y X G R B R R O L Z
F I N I S H C O R R U P T E D L L E E V
W V H F O U C C T E E H N A I A R K V D
G O B F O L Y E G A E T O T N U X Q F E
P N G H C F E O Y T W O A H S W K N D R
M H I D P F J N U U A A H W I P C F V B
A K U R J N H C C R Y R J Y D N U Y P L
L Y E V B E C O M E S S E Z E O Y G D A
Q V B P X W T A K S S E R P Y C O O C K
B X Q X B A S T M I D D L E P I R L D P
I L L E F I L O W E R H Y F N U T G F P
Q U H B U F C R H L J V I G W A S K W H
O F X O I V C D I P Y L H E A V E N S V
M C R E W W L D G O L H C T I P D M K K
O T B S F I N C H E S B D T R O O D C R
S K A D U T D Z D P H M O S F A D N E C
G R V B R H A E C I F P O R L E E D D T
D O E E V I D F P A N C W O E U N I Z M
B D Q M S N E J J K M H J U R U Q D X O
```

Genesis 6:12–17

God **saw** how corrupt the **earth** had **become**, for all the **people** on earth had **corrupted** their **ways**. So God said to **Noah**, "I am **going** to put an **end** to all people, for the earth is **filled** with **violence** because of them. I am **surely** going to **destroy** both them and the earth. So make **yourself** an **ark** of **cypress** **wood**; make **rooms** in it and **coat** it with **pitch** **inside** and out. This is how you are to **build** it: The ark is to be 450 **feet** long, 75 feet **wide** and 45 feet **high**. Make a roof for it and **finish** the ark to **within** 18 **inches** of the **top**. Put a **door** in the side of the ark and make **lower**, **middle** and **upper** decks. I am going to **bring floodwaters** on the earth to destroy all **life under** the **heavens**, **every creature** that has the **breath** of life in it. Everything on earth will perish." (NIV)

Solution on page 159

Noah's Descendants

```
R B O E M C F H Y F M H H Q R I H S B G
Q Y I I K U P S P E Y P X O A H U F N T
J P G L M L U I S H V L L D V O B C E B
X L K P N E S H B E M N A T I O N A L C
X Y E L Z I E S S T A M K R T E T N C G
M H K C N C Q R E A E F A H R A S R S O
C A H T H Z P A U I Q V A D E O D O A G
P A W U T O E T A F L H L R Y E I D R A
P G N B N R O B I S S I G M I Z R A I M
S O L A N G P I R I H X M F R N C N T C
O M B L A F L S L C A K I A N T G I N S
N E F R V N E E T D L T E P F S E M H Z
S R M N A R S H S T N A D N E C S E D U
U A K A J N R A A E F D N J A P H E T H
H J A F C E S L D O O L F G V Z C V R A
W C V U E E M I T T I K T N U O C C A O
X R S X L E B V B Q A R I P H A T H A N
O H X E H K S A B T E C A N K H G U M J
V V N S R C R H S H K S U X S P R E A D
P J S X S H T M U M U R I G B R S S H V
```

Genesis 10:1–7

This is the **account** of the **families** of **Shem**, Ham, and **Japheth**, the **three sons** of **Noah**. Many **children** were **born** to them after the **great flood**. **Descendants** of Japheth The descendants of Japheth were **Gomer**, **Magog**, **Madai**, **Javan**, **Tubal**, **Meshech**, and **Tiras**. The descendants of Gomer were **Ashkenaz**, **Riphath**, and **Togarmah**. The descendants of Javan were **Elishah**, **Tarshish**, **Kittim**, and **Rodanim**. Their descendants **became** the **seafaring peoples** that **spread** out to **various** lands, each **identified** by its own **language**, **clan**, and **national** identity. Descendants of Ham The descendants of Ham were **Cush**, **Mizraim**, Put, and **Canaan**. The descendants of Cush were **Seba**, **Havilah**, Sabtah, **Raamah**, and **Sabteca**. The descendants of Raamah were Sheba and Dedan. (NLT)

Solution on page 159

The Tower of Babel

```
T Y Z O Y L B R I C K S X T T B A T W L
K E X U U Y W P V M D B A T O X X H V W
H X D O K E C F H R P A H N S W H O L E
Z K R H Q R S K O E Q O Z S I A E P H B
D T M S E V V W Q I R K S D D A E R K O
I E T B N K E T X O S K X S E L L O Y C
Q T B C T E G A U G N A L Q I K L P C E
U M W U K N V G D E N U V H T B L O R D
U H L V I D H A M I G R A T E D L S M D
N P Q W G L S N E S W A D G E E F E E A
X Q F X Y B T S N H Q L I L W A R L N P
L N L D G H T K A C O N S E D R T O E Z
E W H G D O D J M H N C P E A T T O C D
I U S I N F A C E I E K E T E H P N L H
M O T E U I L B N L O U R S E L V E S Y
L U I C O D H G Y D F O S R E N S M Z W
E V U K F X C T P R M J E G N T J U X L
L C O V M M I S O E E X D V P R Z T Z P
H U J O R C S H I N A R Y X M Q U I R N
R N Q H V A H G W A C I L H R P Z B Z M
```

Genesis 11:1–6

Now the **whole earth** had one **language** and the same **words**. And as **people migrated** from the **east**, they **found** a **plain** in the land of **Shinar** and **settled** there. And they said to one **another**, "Come, let us make **bricks**, and **burn** them **thoroughly**." And they had brick for **stone**, and **bitumen** for **mortar**. Then they said, "Come, let us build **ourselves** a **city** and a **tower** with its top in the **heavens**, and let us make a **name** for ourselves, **lest** we be **dispersed** over the **face** of the whole earth." And the **LORD** came down to see the city and the tower, which the **children** of man had **built**. And the LORD said, "**Behold**, they are one people, and they have all one language, and this is only the **beginning** of what they will do. And **nothing** that they **propose** to do will now be **impossible** for them." (ESV)

Solution on page 159

Sodom and Gomorrah

```
C U O Y R U H Z D Y I G D X N C L A Y S
M Y U G G U R F Z L F H B E C S H R L N
P K K W T M S V L L C O O G H F B T F R
Y I L S D A B U C A W A Y K X D F M P J
B M W I K W I C K E D A G A I N S T D G
G J C E N O D E N R U T N S B Y D Z R S
D V F G S S G J A E B M I N S Q P I O W
R T M J Y P G W F M F Y D N X R E S L E
J C P J E G O E M A R R N K L V O P C E
D G H A I T U G R I P C A N O G P A I P
V R M T N M N Y G N D T T U V X L R T W
J E E A R I G H T E O U S D E P E E Y U
N A D A T A S G H D H O H O R H N T I W
O T W A C E E C S E H E J H D N W B Z G
V S E W Q H A R R O M O G X I O R K K E
Y R M X A O E K I L A Q X D N W M O K A
T K D A R F C D B L L F Y K U X O I Y A
F V J P L J I T P S B I B N S J I V F Q
I F P I X G M R V Y J T K G R W C J Y K
F A B R A H A M O S Q S Z O F P E Y Q X
```

Genesis 18:20–25

Then the **LORD** said, "The **outcry against Sodom** and **Gomorrah** is so **great** and their **sin** so **grievous** that I will go down and see if what they have **done** is as **bad** as the outcry that has **reached** me. If not, I will **know**." The **men turned away** and went **toward** Sodom, but **Abraham remained standing** before the LORD. Then Abraham **approached** him and said: "Will you **sweep** away the **righteous** with the **wicked**? What if there are **fifty** righteous **people** in the **city**? Will you **really** sweep it away and not **spare** the **place** for the **sake** of the fifty righteous people in it? **Far** be it from you to do such a thing—to **kill** the righteous with the wicked, **treating** the righteous and the wicked **alike**. Far be it from you! Will not the **Judge** of all the **earth** do right?" (NIV)

Solution on page 159

```
E N U I Z Z H G N E S Z R B O K D J W W
G S K M D Q W H T I A S R N U L L B X M
G M V Q I K D I A S Z N A E F R O M D O
G E S K K A W M F Z A Q F A D N N R W W
D J N W U U E V R J B H E D F R O T D P
K P N Y I A Z T U O R D L M O B O F D L
F Z F U H F N H I B A E F D U G Z I D A
Q P E H Q B T O D F H H H I E C A G M C
M O T F J T T U F H A C L T F L O G A E
F C B S D N A H T F M T H E I S L A O L
R Y Y W U E T I B W E E A D R E S A E Z
F F E A Y O W M B R R R S E E I N G C L
U T Z T L O D S R G E T I F D H N O S W
A P B D N S T E A S K S I N M A X B P Y
H E L K O E B L T R E N U E G M O A G U
F V Q O F R W F L M K O Z V Y T H N B A
L S A O A C K O A A B K Z A H C I Y I Q
W A Q T M B U C O N M D T E I H U V A G
T A M O M B U P V D G B R H T R O F C H
U K J B Q F F W P U O E W S D N B U G Z
```

Genesis 22:8–12

And **Abraham** **said**, My **son**, God will provide **himself** a **lamb** for a **burnt** **offering**: so they **went** **both** of them **together**. And they **came** to the **place** **which** God had **told** him of; and Abraham **built** an **altar** **there**, and **laid** the **wood** in **order**, and **bound** **Isaac** his son, and laid him on the altar **upon** the wood. And Abraham **stretched** **forth** his **hand**, and **took** the **knife** to **slay** his son. And the **angel** of the **LORD** **called** **unto** him **out** of **heaven**, and said, Abraham, Abraham: and he said, Here am I. And he said, Lay not thine hand upon the lad, **neither** do **thou** any **thing** unto him: for now I **know** that thou **fearest** God, **seeing** thou **hast** not **withheld** thy son, thine **only** son **from** me. (KJV)

Solution on page 159

Wells of Water

```
T P H A X C U M M X B V O N R E V O C Q
X J Z Q D O Y R V X W R P C F V L K B E
R C T D R C S R G Y G W C V R A D M Q Q
T P S A T J F V E Z C N E V I G Z N F G
I Y J Q O C A M R H O D I F S V Z C K F
H F N H L L T E A C O D Y R L D Z Q I K
I C O Q L D H M R I J B U U P E L U R A
S L L E W A E A Y H H O O I H S R S B M
R L Y G S N R D P W D U G T U E U T O X
R H N P P O S E N E Z Z F F H K G O F W
F P S F N T I T L E J V W U L C R P H F
T M I D C H S E N I T S I L I H P P B H
O S M A T E R S E A T N I C A L L E D F
T M A H A R B A M M V F O T N A C D R E
I S E Y A Q F Y S O R R W C N A Y O K P
I R O U M T O I D V A E E D U A M G G L
E K Q N E F U N R E L P T S G N H E E O
T I X R K U N G E D A U E A L L A H S R
V T P U D I D C H W S T I H W C B L F D
V E O O H D N I D Y W N H L S D A Y S Q
```

Genesis 26:18–22

And **Isaac** **dug** **again** the **wells** of **water** that had been dug in the **days** of **Abraham** his **father**, **which** the **Philistines** had **stopped** **after** the **death** of Abraham. And he **gave** them the **names** that his father had **given** them. But when Isaac's **servants** dug in the **valley** and **found** **there** a well of **spring** water, the **herdsmen** of **Gerar** **quarreled** with Isaac's herdsmen, **saying**, "The water is **ours**." So he **called** the name of the well **Esek**, **because** they **contended** with him. Then they dug **another** well, and they quarreled **over** that **also**, so he called its name **Sitnah**. And he **moved** **from** there and dug another well, and they **did** not quarrel over it. So he called its name **Rehoboth**, saying, "For now the **LORD** has **made** **room** for us, and we **shall** be **fruitful** in the **land**." (ESV)

Solution on page 159

Pharaoh's Dreams

```
Y I L K O Z E F B D V T G A K S E U C H
U L M S Q T J M N D Q D S C Z J B L H Q
Y B U F P S H R I V E L E D N O C E S X
Z T M D M W E Q X T E U W W N Y A A R X
J I P O O P A Y W E C F D I O E U P A W
O L W V U O L Z P V S I R R T L V P M O
B C V U T B T U R G N T P R E H L E G C
O Y A U R A H S M I R U A K M A E A S O
C X V C N M Y B H P V A L N S G M R W W
Y I T U I P R T E B D E Z C D A S E E S
O J N V L E C L A E O B R I D I A D D D
A W O K E L Y L S G M A O B N N N W I A
A A T J J T U E T I W Z N G A G I G S V
U B L G Y C H F A N A B L R N N T O E H
M I W W P T R K Y R S E S I D T K B B O
T G R Z W P I R O J S K W L A T E R C F
M C W L P F U U M V H O A R A H P M Y L
U L U I D R J D M O R F P O I N T Z O T
E R N F U S Q K A G R E P N C J I A L C
Z K H E J Y L P F X T E D R Y V D X F W
```

Genesis 41:1–7

Two **full** **years** **later**, **Pharaoh** **dreamed** that he was **standing** on the bank of the **Nile** River. In his dream he **saw** **seven** **fat**, **healthy** **cows** **come** up **out** of the river and **begin** **grazing** in the **marsh** grass. Then he saw seven more cows come up **behind** them **from** the Nile, but **these** were **scrawny** and **thin**. These cows **stood** **beside** the fat cows on the **riverbank**. Then the scrawny, thin cows ate the seven healthy, fat cows! At this **point** in the dream, Pharaoh **woke** up. But he **fell** **asleep** **again** and had a **second** dream. This **time** he saw seven heads of grain, **plump** and **beautiful**, **growing** on a **single** stalk. Then seven more heads of grain **appeared**, but these were **shriveled** and **withered** by the **east** **wind**. And these thin heads **swallowed** up the seven plump, well-formed heads! Then Pharaoh woke up again and realized it was a dream. (NLT)

Solution on page 160

CHAPTER 4: Psalms

Hear Me

```
E Q Q K B J Y U V E H X L S A F Q N D Y
Q N I V Z M S F R N A W E G G W T G K F
D E B Y V C K D D Z Z S O N E A F F T B
M G J U Q Y I S J A G G E L T M X T A H
W Q M L N K N F B N E E P I L R T O K X
W G V N L V G B I B U L T A M O D D E O
J M G J N N K N X W E N X A N E F C R Y
C C E V I L R H I A L C E N R W N S E G
A W E R Q O N L S N N N A T B E N E S M
M B B X M S N U O Y A C E U S I L C O X
D O W I P S R I E S U O H E S I A O H S
L V Q A O E T Q A V W C R L P E L J T T
K L T Q K N C L Y L O P F G O L L P S D
O H E A E D I T V E P L Y G I R E I E O
E B M T F E O R A E H M Y Y O M D H P M
U N T S S K G G G N I L I A F N U S E R
N A T Q S C R I G H T H E R E F O R E I
D S R E V I E C E D F L G P N X R O D L
G B G Q R W A T G R U O Y V V I P W D K
Z Q A S G H S Q B N V F E F P I D F Q T
```

Psalm 5:1–8

O **Lord**, **hear** me as I **pray**; pay **attention** to my **groaning**. **Listen** to my **cry** for **help**, my **King** and my **God**, for I pray to no **one** but you. Listen to my voice in the **morning**, Lord. Each morning I **bring** my requests to you and wait **expectantly**. O God, you **take** no **pleasure** in **wickedness**; you **cannot** **tolerate** the **sins** of the wicked. **Therefore**, the **proud** may not stand in **your** **presence**, for you hate **all** who do **evil**. You will destroy **those** who **tell** **lies**. The Lord detests murderers and **deceivers**. **Because** of your **unfailing** **love**, I can **enter** your **house**; I will **worship** at your Temple with **deepest** **awe**. **Lead** me in the **right** **path**, O Lord, or my **enemies** will conquer me. **Make** your way **plain** for me to **follow**. (NLT)

Solution on page 160

Judgment

```
J C Y Y N A L L V M A G C B R M T S F S
O B Y V E W E J T S I K J P E O P L E S
V L M A G N I R T S R N H S A S P A N Q
V I B W S E S O H E C M D E D T R A H C
E B E J M H N E V N G O A S Y C C J M N
N K Z K T N A O C S W R O S H C W Q X W
N L E C A M N R T U R F X E O E B F J K
L N R T J W K R P O R U S R A J I S C R
X U S A N E A W W E V E D P Z N H N S W
M F G A G E R S E T N I O X T I D E I J
M F S D H A L I K H N N O E E Y I C D H
U Y U M T O I E I G S Z G L O M K A E J
N J A H R R K N R I P R D A E E V X C R
H N R D K L G I S R I N R N D N U O R A
D S G C N S M K E T E I E G A R C J E R
L F V N B W N P Y B S J U S T I C E E W
B Y G G I O A N G E R C E V Q U V H U H
C H V U P R I G H T O K R U L E T B V T
N F D I E D B O W Z A A F V R A R M N Y
K Y N D Z T A U E M R U O Y G B E R D J
```

Psalm 7:6–13

Arise, O **LORD**, in **your** **anger**; rise up **against** the **rage** of my **enemies**. **Awake**, my God; **decree** **justice**. Let the assembled **peoples** **gather** **around** you. **Rule** **over** them **from** on high; let the LORD **judge** the peoples. Judge me, O LORD, **according** to my **righteousness**, according to my **integrity**, O **Most** High. O righteous God, who **searches** **minds** and **hearts**, **bring** to an end the **violence** of the **wicked** and make the righteous **secure**. My **shield** is God Most High, who saves the **upright** in heart. God is a righteous judge, a God who **expresses** his **wrath** **every** **day**. If he does not **relent**, he will **sharpen** his **sword**; he will **bend** and **string** his **bow**. He has **prepared** his deadly **weapons**; he **makes** **ready** his flaming **arrows**. (NIV)

Solution on page 160

Apple of Your Eye

```
G V K M X W L P W K J J O G B B X E T N
G Q T A K O L I O N E K U W Z D R O W S
A U Y L L A C S R S E I M E N E E R E D
S Q T L D K M J L E S G H L O L S U I L
T L I F E V A H D K H H U V Y I O O X P
W Q P D A H W A C H F O A T X V H Y L O
O D D H D G H A N T S A F D A E T S E C
S G O F L H O S T S V B F D O R N E Q H
S M G M Y U S T U E W I V O W W O Q V M
W S J M O L E W G R F E O D L O R A E T
F Y P V G U T P L N R V R L N B F N O B
K W C Y D P T N Y S O O R E E U N V I U
D O E B U G H H A A M L U Y L N O N U K
C H U Q K A T R S G F P E N Z D C R A E
R S G N I W I M T T O S C T D L J E G E
T Z F J R E M G H R R R H Z I E P I H P
P L F E S N A G T O U A R N X S D N A H
H O E W N D I I A P P L E A M H E R O G
M U R Z D R O M K B O U I H N Q Z E O I
Q Q Y H S N E M B U N V K X N I Q D K L
```

Psalm 17:6–14

I **call** **upon** you, for you will **answer** me, O **God**; **incline** **your** ear to me; hear my words. Won-drously **show** your **steadfast** **love**, O Savior of **those** who **seek** refuge **from** their **adversaries** at your **right** **hand**. **Keep** me as the **apple** of your eye; hide me in the **shadow** of your **wings**, from the **wicked** who do me **violence**, my **deadly** **enemies** who surround me. They **close** their **hearts** to **pity**; with their **mouths** they **speak** **arrogantly**. They have now **surrounded** our steps; they set their **eyes** to cast us to the **ground**. He is like a **lion** eager to **tear**, as a young lion lurking in ambush. Arise, O **LORD**! **Confront** him, **subdue** him! **Deliver** my **soul** from the wicked by your **sword**, from **men** by your hand, O LORD, from men of the **world** **whose** **portion** is in this **life**. (ESV)

Solution on page 161

```
W J I O K Z F U T Q K W L Y U V N C S F
Y I R B S U P A C D I K Y F N W L D L T
H L D B N Q T W I I X X V H T I C B V F
V B D H V G Y H S S E R T R O F S P L M
R X Y H N H T O B T Y P S Q O O S X I E
P I L N T R P M L R R E O N P N E L D N
E R D R A H T G N E R T S T A R I A L T
R M O E Y A H K V S N P L U W R M D J H
L W G C L S E E T S T E A O A D E W Z C
E B N V K L N O K K D D K B E C N S U W
R I U M Y T A O M D E S I A R P E B N W
X C I C E G D C I L S V T M H E C B B Z
P E T D K B B E I T S H O P S S I X G E
B I H S L L Q V L N A B A L W L O T N I
M B E F O R E T D B P D U J O L V I D H
M E L W R R O R T T M P N H R I M E R Y
H C L Q E O G U H I O E U U R H V V O J
D I A R F A M S E N C W R J O A S Q L K
Z N G M B T P T E L P M E T S F B R Y K
N O J H E Z F J G B X I A R U E I R O Y
```

Psalm 18:1–7

I will **love thee**, O **LORD**, my **strength**. The LORD is my **rock**, and my **fortress**, and my **deliverer**; my God, my strength, in **whom** I will **trust**; my **buckler**, and the horn of my salvation, and my **high tower**. I will call **upon** the LORD, who is **worthy** to be **praised**: so shall I be **saved from mine enemies**. The **sorrows** of **death compassed** me, and the floods of **ungodly men made** me **afraid**. The sorrows of **hell** compassed me **about**: the **snares** of death **prevented** me. In my **distress** I **called** upon the LORD, and cried **unto** my God: he heard my **voice** out of his **temple**, and my cry **came before** him, even **into** his ears. Then the **earth** shook and **trembled**; the **foundations also** of the **hills** moved and were **shaken**, **because** he was wroth. (KJV)

Solution on page 161

The Law of the Lord

```
C P J G E Q D R E W A R D F B Q R G M J
J L J V N P S S E V K B U Z C X F U I J
R C T J J I E E F V E T J D I S C E R N
H M M N R N R L E W I N Z T Q H J I A D
S J Y O Y H V U H Z N V C D L O G A D R
L P J I J K A R D V O E I L M H D D T Y
S H I D D E N A A N F M S N T C L O R D
V N D M G A T T H R E H T E G O T L A G
H I O S I M P L E O T J O E D Z R I N N
H R N I Y T J P A W N U S E F S G I S I
F O F N N U H Q R A S E S O D S N U G P
F I L W O I G E T R S I Y H U E I F R E
H M U J M C M Z R N R D T C T L K K E E
H C E S I W E O S E Y E G H O E A H S K
U E U R T P C N D D D Z G W N M M I S C
L L A H S L Z M T S N I S I A A B U I A
N I N D E C L A R E L C F A U L T S O B
W H W A T N E M D N A M M O C B T F N G
P S N Y C G P R E S U M P T U O U S D N
V I L M E U E D H U V P U Q T L U L Y Y
```

Psalm 19:7–13

The **law** of the **LORD** is **perfect**, **reviving** the **soul**; the **testimony** of the LORD is sure, **making wise** the **simple**; the precepts of the LORD are right, rejoicing the **heart**; the **commandment** of the LORD is pure, **enlightening** the **eyes**; the **fear** of the LORD is **clean**, **enduring** forever; the **rules** of the LORD are **true**, and **righteous altogether**. More to be **desired** are they than **gold**, **even much fine** gold; sweeter also than honey and drippings of the **honeycomb**. Moreover, by them is your **servant warned**; in **keeping** them **there** is great **reward**. Who **can discern** his errors? **Declare** me **innocent from hidden faults**. Keep **back** your servant also from **presumptuous sins**; let them not have **dominion** over me! Then I **shall** be **blameless**, and innocent of great **transgression**. (ESV)

Solution on page 161

I Am a Worm

```
W B M Z I E X V B Y R Z O V A I U O C B
W G D E F W L O V F L A A Y E X T L C V
S M Y U U M N G M O I O X H S G S A H W
S V Z U B Q R A R N I G H T P Q L M O M
P I O E O L C D V E U C S E R G I G D Y
V A J R D U G P O X G U M B A V B P C X
M D Z I B Y Z T M U R R D E I R C C O A
R R A C G U G M U T O E O M S D D X Y N
X R F R N N U O L W K N U A E E D L I A
D L N D I M I C I S R A E L N E D Y C E
H G F K V S G K N I J N I R L I E C V D
M J V C A E R B A S T V O I T A N B O D
D U K O S H B E R H E C G N N I O G D L
Q Y E I V F A E H R S H E M E N R X J I
X K L P E T W V E T T K G F L Y H I S G
M Z U M C S W D I S A P P O I N T E D Y
U P A I N S U L T S E F U F S J N X A Q
A H P A I G O J R F D E S P I S E D E R
E R L V S P E O P L E V Q M D L R U H L
G V O V W N F A I J M C B N X X P L L M
```

Psalm 22:1–8

My **God**, my God, why have you **forsaken** me? Why are you so far from **saving** me, so far from the words of my **groaning**? O my God, I cry out by **day**, but you do not **answer**, by **night**, and am not **silent**. Yet you are **enthroned** as the **Holy** One; you are the **praise** of **Israel**. In you our **fathers** put their trust; they trusted and you **delivered** them. They **cried** to you and were saved; in you they trusted and were not **disappointed**. But I am a **worm** and not a man, **scorned** by **men** and **despised** by the **people**. All who see me **mock** me; they **hurl insults**, **shaking** their **heads**: "He **trusts** in the **LORD**; let the LORD **rescue** him. Let him deliver him, **since** he **delights** in him." (NIV)

Solution on page 161

Lead Me

```
I P F B L F A N X B N O P X B H C D E J
B S R Q J Y B N O S E R L Q Z B C V J H
O M I J C Q L Y A W L M Q J P C P V B O
U D S R Q L G L G O B D B R I P T S S Z
O U A Y R V A V N L M S H O W S C O A T
G W D G K S C B I L U S A L L U K D A V
U Y D B T D T K L O H E O Y Q B S G R G
E P M R A N S O I F L N I X S Y D T B Q
N Z A Y I A R L A U G L O R D N P R M P
H Y X O H M L V F Q H U C W V D A O R O
R K P F B E R I N T R F W H M Q S G W I
S A K R B D C F U Q E H H A S R T N H U
Q P I E F R G O O D P T O T D N K I I L
F U R B E E Y T N N O I S S A P M O C X
S R T M G P H E Z N R A A N E P V D H U
I A O E Q O P G B Q P F E Y L H T U R T
N K V M S H J Y E O W V K B I H L M D B
S L I E L X F K E V O L N A G E S B K R
O K N R S G N I H C A E T I H M L S L G
Q F E R J X H K M T T O R V T R C Z A H
```

Psalm 25:4–10

Show me the **right** **path**, O **Lord**; **point** out the **road** for me to **follow**. Lead me by your **truth** and teach me, for you are the God who **saves** me. **All** **day** **long** I put my **hope** in you. **Remember**, O Lord, your **compassion** and **unfailing** **love**, **which** you have shown **from** long **ages** **past**. Do not remember the **rebellious** **sins** of my **youth**. Remember me in the **light** of your unfailing love, for you are **merciful**, O Lord. The Lord is **good** and does **what** is right; he **shows** the **proper** path to **those** who go **astray**. He **leads** the **humble** in **doing** right, **teaching** them his **way**. The Lord leads with unfailing love and **faithfulness** all who **keep** his **covenant** and **obey** his **demands**. (NLT)

Solution on page 161

```
M Z M L J C O V I H K W A B Y E Q Y C E
N X O H E G E U R F X B C H G K W H W D
C L H E D W C U W A D D S T M W D A S C
U P W N P S I E W O E E A P D Z M V J T
I E I I H E A R T R L F D Y F W C F T T
A A T M C U R L I F B A R I S E N T L C
J G V U X K V S V I M A D C E A Z L C I
N Q C T I M E S A A U G J R Q B A N Y C
B M H V P D P D P B T A M C X H F N T A
R X O Q Y M T A V S S I R H S C R T U J
W B L T R Y A B V E U N O Q O K A E A N
Z T F L H T S C E I R S E N Q U I R E R
J P H V I H D K N M L T F Z F G D C B E
V Y Y T R O U B L E D I H F O L L E W D
K C A E E U J A R N D I O F O K V S C D
K W N M T G C A M E D L P N E E C H R V
S O M P F H W I N E S U O H N L S O K R
D C A L A O Q T H I N G T H G I L U R L
S F I E J S B P S D A A N O E M P L A O
O Q G B C T J Z J X E V Q E S B H D K A
```

Psalm 27:1–5

The **LORD** is my **light** and my **salvation**; **whom** **shall** I **fear**? the LORD is the strength of my life; of whom shall I be **afraid**? When the **wicked**, **even** **mine** **enemies** and my **foes**, **came** upon me to **eat** up my **flesh**, they **stumbled** and **fell**. **Though** an **host** **should** **encamp** **against** me, my **heart** shall not fear: though **war** should **rise** against me, in this will I be **confident**. **One** **thing** have I **desired** of the LORD, that will I **seek** **after**; that I **may** **dwell** in the **house** of the LORD all the **days** of my life, to **behold** the **beauty** of the LORD, and to **enquire** in his **temple**. For in the **time** of **trouble** he shall **hide** me in his **pavilion**: in the **secret** of his tabernacle shall he hide me; he shall set me up upon a **rock**. (KJV)

Solution on page 161

Sing a New Song

```
W V H J G S E S Q F V I D V L H L L I K
P E U M M W T U B A Q A D J M R H L L V
F T D G F F C S R A J B X L P U A E S X
G K E K F Z M F M I N T O X R M K D X E
Y K E U S O N G A S E I U E K O A A W E
J A M N V Q N N K S B H R W P I W M Z P
O D R A L I Y I E E C I T S U J B D O C
E R Y L S V Y L G N I T T I F R R W F H
U G E G Q S P I L S Z W H F S C C E E E
H G B V J O C A F U E C M T I P A N O V
T S P C E Y A F S O F S O S R R F Y K Y
N R J P H R M N P E A L U V C A M L A T
H E U L D C E U S T X M L O S I E L P Q
A T L E Y V F T N H T Z W I H S P U H E
R A A U A M A T H G I R P U K E G F J S
P W O E T R L E T I D T S O H S R Y H P
T X H Q R D G Q U R D E D N A M M O C U
L K L Y M B M Z O B V E V R J O U J T T
B H Z M X H J L M O C Z E G A T H E R S
Z J H N Z X G X L Q Z Y I P D J V Y D P
```

Psalm 33:1–9

Sing **joyfully** to the **LORD**, you righteous; it is **fitting** for the **upright** to **praise** him. Praise the LORD with the **harp**; **make** **music** to him on the ten-stringed **lyre**. Sing to him a **new** **song**; **play** **skillfully**, and **shout** for joy. For the word of the LORD is right and **true**; he is faithful in **all** he does. The LORD **loves** **righteousness** and **justice**; the **earth** is full of his **unfailing** love. By the word of the LORD were the **heavens** **made**, **their** **starry** **host** by the **breath** of his **mouth**. He **gathers** the **waters** of the **sea** **into** **jars**; he **puts** the **deep** into **storehouses**. Let all the earth **fear** the LORD; let all the **people** of the **world** **revere** him. For he **spoke**, and it **came** to be; he **commanded**, and it stood **firm**. (NIV)

Solution on page 162

Inherit the Land

```
P N I L J J P T M M A T Z F Y U B D O H
J E R O E Z T F C A D U E J X S N M H T
T E E F N R F U T U R E A D Q Z Q E D I
C R F B I E U M E C C K S R E V I L E D
P G A D U H Q A S A L V A T I O N S K S
F F Q N E T P T L A X E A B R D W S C Z
W Q Q L S E O X P A S S E D F O T E I X
I A P Y S G U H A X K C R S R R Y L W E
A S D C E O R P O Y A O I F O I N E X J
N E H E L T K E R U L X F N M G B M D G
E Y C Z H L R M S I A M G F C H Z A N V
A C U U T A S E N S G H T K L T E L U O
C L A R U G A H E F O H D R O E C B O H
E T H E R E E F P L M R T T O O S O F G
F K U S P R E A D I N G S T U U L M U U
A Y A C I Y E L O W A R R L G S B B I O
H F P T S X O F F J T M D H W H H L K H
C L B E Y H S O U G H T M A W A Y P E T
S P P U E P U U R G Z A D N A L I Z A Q
B E D B F K Y S A V E S Z Q D L J T W U
```

Psalm 37:34–40

Wait for the **LORD** and **keep** his way, and he will **exalt** you to **inherit** the **land**; you will **look** on when the **wicked** are **cut off**. I have **seen** a wicked, **ruthless** man, **spreading** **himself** like a **green** **laurel** **tree**. But he **passed** **away**, and **behold**, he was no more; **though** I **sought** him, he **could** not be **found**. **Mark** the **blameless** and behold the **upright**, for **there** is a **future** for the man of **peace**. But **transgressors** **shall** be **altogether** **destroyed**; the future of the wicked shall be cut off. The **salvation** of the **righteous** is **from** the LORD; he is their **stronghold** in the time of **trouble**. The LORD **helps** them and **delivers** them; he delivers them from the wicked and **saves** them, **because** they **take** **refuge** in him. (ESV)

Solution on page 162

Wicked Ways

```
S O G U T V W Z F W Z H B T R Z G Y O T
U W I L O N E S Q K T D C V G A W W S Q
E L R S O X A S G D T E G R O F I A J M
H O R D E R S N E N Y N A P M O C Y E S
X W I B Z U I A E H I H Q R W O K C F N
P E E L K T G F J V T H A E Q H E H M E
P P P U E N O N I U O Y T E R N D A W K
P D Q C Q G J G O E W C I S C O T R H V
T I W K I B S M Z T S K N I E R F G A P
W D G V R K U S Y A S T N S G M J E T O
Z R E D N A L S L N S L A Y Y N A A B U
Y Q E A B D M V L N E C Y T L R K R M C
U C H B X Z A R I G H T L Y U E O T F G
P T M K U T A A W M V S I M A T S D N S
J N W O I K G D T A I S E C H U E T A H
M E Q O L A E Z N V N M V E E S M S Q O
T L N K U V D E L I V E R P A R P V F W
L I K O R Y U L Z S C T I E C E D E X Y
K S F D S Q D T D A N A L E G K B T A I
C N G J S W R T A O P P Y K F P I W W K
```

Psalm 50:16–23

But to the **wicked** God **says**: **What** right have you to **recite** my **statutes** or **take** my **covenant** on your lips? For you **hate** discipline, and you **cast** my words behind you. If you **see** a thief, you are **pleased** with him, and you **keep** **company** with adulterers. You **give** your **mouth** free **rein** for evil, and your **tongue** **frames** **deceit**. You sit and **speak** **against** your **brother**; you **slander** your **own** mother's **son**. **These** **things** you have done, and I have been **silent**; you thought that I was one like yourself. But now I **rebuke** you and **lay** the **charge** **before** you. **Mark** this, then, you who **forget** God, **lest** I **tear** you apart, and there be **none** to **deliver**! The one who offers **thanksgiving** as his sacrifice **glorifies** me; to one who **orders** his **way** **rightly** I will **show** the **salvation** of God! (ESV)

Solution on page 162

A Clean Heart

```
E T P P S I E S N O I T A V L A S W U P
S P R M T E B U O B N Y F H T I R I P S
Z G E A L R J E E C I O J E R V E V H F
N B S O N E W S Z Q Q J W Z A S N P O C
P V E G E S P I T V U H W A S H N J L T
Y U N M U T G A H P I I Q R A T I O D U
Z X C P G O X R E T T K M V H V S J W S
V O E H N R J P E H I H N F E I M A K E
Z G F E O E V R I S E A D A R U E Z C H
R M L C T X K N L C S B E S E N O B S B
P J K T N M G O E T S O T T V L L A H S
L V I B U O N A R R E S R W I A C W E U
P H A E L U H A Z B F C E S L I P S W E
X I E T F T E E I T Q N V N E E W G U B
A M T N K H E C F R E E N I D T G G L V
F A A U I F F A U R F V O P X A A R X Z
G M K D P M Q F C P I Y C L E E L G U E
S R E C T P I F R H L A V T F R O G R P
V J H I C Y X E T O W B T Y C C U V O N
U X W S Z G C Q H H M V G L O R D I G D
```

Psalm 51:7–15

Purge me with hyssop, and I **shall** be **clean**: **wash** me, and I shall be **whiter** than **snow**. **Make** me to hear **joy** and **gladness**; that the **bones** which thou hast **broken** may **rejoice**. **Hide** thy **face** **from** my sins, and blot out all **mine iniquities**. **Create** in me a clean **heart**, O **God**; and **renew** a right **spirit within** me. **Cast** me not away from thy **presence**; and **take** not thy **holy** spirit from me. **Restore unto** me the joy of thy **salvation**; and **uphold** me with thy **free** spirit. Then will I **teach transgressors** thy ways; and **sinners** shall be **converted** unto **thee**. **Deliver** me from bloodguiltiness, O God, thou God of my salvation: and my **tongue** shall sing **aloud** of thy righteousness. O **Lord**, open thou my **lips**; and my **mouth** shall **shew** forth thy **praise**. (KJV)

Solution on page 162

THE EVERYTHING BIBLE WORD SEARCH BOOK • 47

Clothed with Majesty

```
K M O M O V X H H C S W K A I C Y R W V
T J W S C L N U D Y S I C D A B C V O A
W T E J O E L O F O U N D A T I O N S I
D U N B T Q W X U U F G M R K S S R R D
Z O T E W Y O N F R K S Z E E T E E E I
X N Z A T T D Z C H F C X K O G S P T R
M Y X M Q U L M O U N T A I N S I P A Q
U M R S H I M S E L F M R E E E A U W J
C P I E E A W V P B G A S H U R R L L N
G Q S R V M R A H L H S C Z D V P W H Y
R P M T O I A L L C E T S L E A R T H E
W E H O B T P L K M E N D C O N W O D O
R X N D A C S E F R E E D Z O T N I R A
R F U K J N C Y T V L M C O K S H E R H
Z L L K P A P S A F A R R L R J B E I B
G O Y I L C W E G J G A C L O U D S D S
N W O P G F H M E R E G C O K N T P E C
T E W A G H L S T H E I R E U O S R S A
C D Z U Q M T Z V Q D A M H O T I M L U
R E F T K Y V X L K O O T D W F Q B Y S
```

Psalm 104:1–8

<u>Praise</u> the LORD, O my soul. O LORD my God, you are **<u>very</u> <u>great</u>**; you are **<u>clothed</u>** with **<u>splen-</u> <u>dor</u>** and **<u>majesty</u>**. He **<u>wraps</u> <u>himself</u>** in light as with a **<u>garment</u>**; he **<u>stretches</u> <u>out</u>** the **<u>heav-</u> <u>ens</u>** like a **<u>tent</u>** and lays the **<u>beams</u>** of his **<u>upper</u>** chambers on **<u>their</u> <u>waters</u>**. He **<u>makes</u>** the **<u>clouds</u>** his **<u>chariot</u>** and **<u>rides</u>** on the **<u>wings</u>** of the wind. He makes winds his **<u>messengers</u>**, **<u>flames</u>** of **<u>fire</u>** his **<u>servants</u>**. He set the **<u>earth</u>** on its **<u>foundations</u>**; it **<u>can</u>** never be moved. You cov- ered it with the deep as with a garment; the waters **<u>stood</u> <u>above</u>** the **<u>mountains</u>**. But at **<u>your</u> <u>rebuke</u>** the waters **<u>fled</u>**, at the **<u>sound</u>** of your **<u>thunder</u>** they **<u>took</u>** to **<u>flight</u>**; they **<u>flowed</u>** over the mountains, they **<u>went</u> <u>down</u> <u>into</u>** the **<u>valleys</u>**, to the **<u>place</u>** you assigned for them. (NIV)

Solution on page 162

Forever and Ever

```
E S G M K V H F O E H K B I C H N Z C L
Z U X Y Y G F V M C W B T T J G A E J W
A O N D F T C O C S Y C E Y F R M P J E
B R Q W G P S M R E H T O N A A E X N O
V D I H V E I E S H A L L D E C M G J C
W N M G W G N Y J T F T M U M I Q E N X
Q O E A H P G E I A L I C O M O V E R A
F W R T D T R D R Z M O J L R U O P B W
B S Y K J E E L B A H C R A E S N U F N
I I A Y S M A O U S T E A D F A S T E O
J J T R Y Y T J U F V I M Y S F U N V V
O B L E S S N Z J S I G O D O S O A X H
R V L V W S E W O P N C E N P U I D A P
C E O E Q E S A F I D E R Y A D R N M E
F T V Q H N S U D F D E S E D E O U G A
B U E E Q D D N E M M O C S M S L B B L
Q B F B R O U G J E X T O L T I G A R V
V Y B P R O D N E L P S A C A A V O X W
M R S N B G F I K E A L A E S R D K W P
V D Q A N X N K P Z S W O L S P E A K C
```

Psalm 145:1–9

I will **extol** you, my God and **King**, and **bless** **your** **name** **forever** and ever. **Every day** I will bless you and praise your name forever and ever. Great is the **LORD**, and greatly to be **praised**, and his **greatness** is **unsearchable**. **One generation shall commend** your **works** to **another**, and shall **declare** your **mighty acts**. On the **glorious splendor** of your **majesty**, and on your **wondrous** works, I will **meditate**. They shall **speak** of the might of your **awesome deeds**, and I will declare your greatness. They shall **pour** forth the **fame** of your **abundant goodness** and shall **sing aloud** of your **righteousness**. The LORD is **gracious** and **merciful**, **slow** to **anger** and **abounding** in **steadfast love**. The LORD is good to all, and his mercy is **over** all that he has **made**. (ESV)

Solution on page 162

You Know Everything

```
W E A J Y B I W C Z P X I A T C M X D G
F I E T M V K N L V R L V P R H O M E U
B J V U Q O I Q W W A W A Y A Z R X A N
I M K M A P G E E Y F U E C V V F Q L J
X K U K B W Y P E Y A R N J E O M A Q K
D M E H I N A R A X E T N C L H S F X P
H D Z F Z C O E E H A Q W L P E Y M Y T
D O B P S F A S T H G U O H T U O B A I
J B C E E M O E W L W W D A Q T S E R E
C D T B R B K N Q F P E E M K X R U P T
N O B A J B C C K F G E G Z S G O W Z T
T D N A T S R E D N U S A Y E Y N L I U
V G Z G H Q T N I L O R P S H C U S A A
J R O N T U A H O J M W N I A F F R I E
U A N I G H T R M I V N L R R K X E L J
V V O S N Y D E N I M A X E U I N C G N
O E R S R G A M Y M I C D A D E T C B Z
W B Y E K Q C T M X Z N N F V G Q S J H
K S V L Q L C J W A O J N E V A E H G V
G E Q B D N A S M W M C R B E Z P C Q P
```

Psalm 139:1–8

O **Lord**, you have **examined** my heart and know **everything** **about** me. You know when I **sit** **down** or stand up. You know my **thoughts** even when I'm **far** **away**. You **see** me when I **travel** and when I **rest** at **home**. You know everything I do. You know **what** I am **going** to **say** even **before** I say it, Lord. You go before me and **follow** me. You **place** **your** **hand** of **blessing** on my head. **Such** **knowledge** is too **wonderful** for me, too **great** for me to **understand**! I **can** **never** **escape** **from** your **Spirit**! I can never get away from your **presence**! If I go up to **heaven**, you are **there**; if I go down to the **grave**, you are there. (NLT)

Solution on page 163

```
E N O X N X O G Q Z S I U N I R K R I C
U S I K L T J C L T Q G S F T C L W G P
C N S Z E I F T X V N O H A Q X H A N D
U F D P E A C E S O H T Y F E D I Y Y V
E B U E E G F I L O H E A V E N S S O V
E M R O R I D S Z A F S C F O U N D E D
R C B I Y S D E J I T H R C O M P A R E
Y B R V G R T I L E J S F I N D S P S R
I U M Y J H U A N W W S C T S O N F Y A
H A G N I H T O N I O E P S Y R R E R N
X E L Q F V J E Y D R N L J P O R D C O
G G V Y X F P D X P I T K S M I D T J K
S E X L Q O D M S O U N D I S G I R H D
L X K L P M B E B N O A G E U F M E O A
U W V D E L A S S H F S D U O L C B L L
V S R I H R O I J S I A D R S P E E D K
X O X J T K L L E G E E P S H T A P L M
E H E H H V D E H S I L B A T S E Q O I
Q L O S E V R T I G G P B E H N O N G X
N M O R B T E L Q N G U R I C H E S O A
```

Proverbs 3:13–22

Blessed is the **one** who **finds** wisdom, and the one who gets **understanding**, for the **gain** **from** her is **better** than gain from **silver** and her **profit** better than **gold**. She is more **precious** than **jewels**, and **nothing** you **desire** can **compare** with her. **Long** **life** is in her **right** **hand**; in her **left** hand are **riches** and honor. Her **ways** are ways of **pleasantness**, and all her **paths** are **peace**. She is a **tree** of life to **those** who **lay** **hold** of her; those who hold her **fast** are called blessed. The **LORD** by wisdom **founded** the **earth**; by understanding he **established** the **heavens**; by his **knowledge** the **deeps** broke **open**, and the **clouds** **drop** down the dew. My son, do not **lose** **sight** of these—keep **sound** wisdom and discretion, and they will be life for **your** soul and adornment for your **neck**. (ESV)

Solution on page 163

The Proverbs of Solomon

```
I H W M X S E T U W O R R O S B W I S E
W K G L A D H R E H T O M E M O R Y F U
A E C T N K C F E Y W J S I Z O A H B W
J E O A X J E A P F O U N D A W C D I D
F J H C E X R S T R A W H T X N Q C I P
D R U I M T S B Y C U C Q O A U K L O P
L C A E A Z H X X A K D S M H E I V K I
W L O M H B R V R W O S E D D G E D W U
Y J J L S G N I S S E L B N E R B S T C
R V B F C O M M A N D M E N T S L H R S
Q O A O J I H E S K M S T Y I A U O E U
C Z B O R N E U C O S L A E C N O C V M
I R B L E T O X U N R Q V K G K U G I M
A E L I H E Z T L S E L M R E R K Q E E
O X I S T G H S R Q V L Y D E O M F C R
U T N H A R A E L W I U O L I T C O E R
O J G E F I H V R E L D Y I S G N I R B
N I U R T T J R I R E C R A V I N G H F
R K C V A Y Q A H R D P E O F E G G M Z
X J V G H Z A H T A E D S I L M L V M C
```

Proverbs 10:1–9

A **wise** son **makes** a **glad** **father**, but a **foolish** son is a **sorrow** to his **mother**. Treasures gained by **wickedness** do not profit, but **righteousness** **delivers** **from** **death**. The **LORD** does not let the righteous go **hungry**, but he **thwarts** the **craving** of the wicked. A **slack** **hand** **causes** **poverty**, but the hand of the **diligent** makes rich. He who **gathers** in **summer** is a **prudent** son, but he who **sleeps** in **harvest** is a son who **brings** **shame**. **Blessings** are on the head of the righteous, but the **mouth** of the wicked **conceals** **violence**. The **memory** of the righteous is a blessing, but the **name** of the wicked will **rot**. The wise of **heart** will **receive** **commandments**, but a **babbling** fool will come to **ruin**. Whoever walks in **integrity** walks **securely**, but he who makes his **ways** **crooked** will be **found** out. (ESV)

Solution on page 163

Wine

```
A J C D K M V A M P U Y O B K L L I D U
F C S R H S U A M T I R N Z X O R P R J
C R L A M W I N B U H E I A Z S K L A W
X P K G Y O C T Y S E E B E M C E O W C
B Z U G I N S V S S W T V I Z L A W L E
M L N U N N I F M B F E A O P V O N H U
J H E L T I D K V S R L A G L G R O E A
L T F S W W L P T Y C A Q S N J N I F N
Z F Z R S T E E H O U N W I L O N L I S
V E S C Y E A V R T N R D L R Y R F L B
Q A F O D D D P U R G N S E E K O T D O
C L I B F N R M I K A L E N O R H T S P
J A L A I O N G J T Y U U V F J U R P S
Y H S F V R H S S A W F Q E I O F D R Y
A T M O W T S R M G F H I K S L O E E Z
R S K P E S E O W V N T O U O O Z L T L
T E R O I D R I N K S I E E P W P N A G
S D U P N F S M K M E A K R V M V R W T
A S Y U K E M T W M Y F T R A E H W U S
G R J L J T R L N S E M M Q V Z R J Y P
```

Proverbs 20:1–8

Wine is a mocker, **strong drink** a **brawler**, and **whoever** is **led astray** by it is not **wise**. The terror of a **king** is like the growling of a **lion**; whoever **provokes** him to anger **forfeits** his **life**. It is an **honor** for a man to keep **aloof from** strife, but **every fool** will be **quarreling**. The **sluggard** does not **plow** in the **autumn**; he will **seek** at harvest and have nothing. The **purpose** in a man's **heart** is like **deep water**, but a man of **understanding** will **draw** it **out**. **Many** a man **proclaims** his own **steadfast love**, but a **faithful** man who **can find**? The **righteous** who **walks** in his integrity—**blessed** are his children **after** him! A king who **sits** on the **throne** of judgment **winnows** all **evil** with his **eyes**. (ESV)

Solution on page 164

A Virtuous Woman

```
Y G N M V J I H P Q U Z E R G T D E F H
K X O O O F M Y R P M O U T D W R H R P
M R C R O O W O K N F B C H H F G M X R
H D A F V O O M X S I U E I I V R A A C
H V N F M D K L H E E Y L N H U B U A G
Z X E A A E S I S R L E D E E N I N I G
S Z N T B P P F H G D T W G O O D V D T
Y T E S O S E E K E T H P S F L E T Y K
I P B I S U U C P U W O R K E T H C Y S
C B L D M W H H U Z R Z D W H T E F V A
Z O H H R S E B I T I V G O E T H J L Z
I P N G A A U N I S S W V Y T V E S N L
L N L S Q R Y O Y V E J A L R H O H L I
M V M A I Y N E U P T L R E G H A B L L
Y S P I N D L E N T H R W F E N L E A D
F J L M H T E G N I R B U A D U F L H T
V H M N U J E R G K V I R S F I P O S K
B H P R R P K T E Z P T V O T E C I R P
S T T D C N B P H T E D R I G W E N I N
C D R A P H T E N E H T G N E R T S K S
```

Proverbs 31:10–19

Who can **find** a **virtuous** **woman**? for her **price** is far **above** **rubies**. The **heart** of her **husband** **doth** **safely** **trust** in her, so that he **shall** have no **need** of **spoil**. She will do him **good** and not evil all the days of her **life**. She **seeketh** wool, and flax, and **worketh** willingly with her **hands**. She is like the merchants' **ships**; she **bringeth** her **food** **from** **afar**. She **riseth** **also** **while** it is yet night, and **giveth** meat to her household, and a **portion** to her maidens. She **considereth** a **field**, and **buyeth** it: with the **fruit** of her hands she **planteth** a **vineyard**. She **girdeth** her **loins** with strength, and **strengtheneth** her **arms**. She perceiveth that her merchandise is good: her **candle** **goeth** not **out** by night. She **layeth** her hands to the **spindle**, and her hands hold the **distaff**. (KJV)

Solution on page 164

Foolish Ways

```
P K L D T G L E G D E L W O N K Y X G F
T H F W U G I N R C T F F O L L Y X Z C
C S B Q G E S U T U F A I T H F U L L Y
B P Q G N Y T H C O T T R U T H F U L V
N A U I I Z E O O Y A E I V N M A N M H
C K R K L Z N L J N V A E A E Q L B Y D
I T O I A C S T I E X X M R D X S F P A
Y H K S E M T M R J A S O T U V E N H S
T R T A H S O O P T C A M D R D I O X S
X U L R P B F L I P T M E S P O N C P F
N S M I A L C O R P I C N D P E U E E I
B T L G G Q N R B I E F T T S N A B E L
P S B H M R L D N I I O B T H K O S L L
J W I T N E S S T T N R W S S E V I G E
Z O R E C M U H V G M I A R Z C R E Q D
Y R M O P L G J U T Y R E U L A S E J V
S D Z U T I U E I U R T S R Y E S O H T
V S A S L L A F E B T H I A Y P Y Z H F
Z X D E K C I W F U N J W E R V K Y Q T
B B D K O R Z I D Z J E I L C M E P N X
```

Proverbs 12:15–23

The **way** of a fool is right in his own **eyes**, but a **wise** **man** **listens** to **advice**. The **vexation** of a fool is known at once, but the **prudent** ignores an **insult**. Whoever **speaks** the truth **gives** **honest** evidence, but a **false** **witness** **utters** **deceit**. **There** is one whose **rash** **words** are like sword **thrusts**, but the **tongue** of the wise brings **healing**. **Truthful** **lips** **endure** **forever**, but a lying tongue is but for a **moment**. Deceit is in the heart of **those** who devise evil, but those who plan **peace** have **joy**. No ill **befalls** the **righteous**, but the **wicked** are **filled** with **trouble**. Lying lips are an **abomination** to the **LORD**, but those who **act** **faithfully** are his **delight**. A prudent man **conceals** **knowledge**, but the heart of **fools** **proclaims** **folly**. (ESV)

Solution on page 164

Gentle Words

```
U W R D L G P E T W A Y M O V Q L H J K
U S P R E A D U W V S V O W G N Q N K X
R F G F I F X G A F R N K N C L C I F A
N J Z K G G Y N T V Y J I S T E K F Q M
O C W R A T H O C G L L S A A F N D G A
M F Y A W A X T H M A G E C T N Y R N D
R O N E N I B S E E O R V R B N S O I P
L H U G T I R E H O U X O I S F O W P T
B Z E T L A P S D S U R L F T P Q C E U
D R O A H Y A A A U E S P I I H U T E R
G R G F R E V E O H W T N C N N D R K N
P I O O I T R L V C O R R E C T I O N S
E R A L Q T S P U E I S G S S S U O S
J U A L C H P A K T R T E E H S C B W S
B C S Y A G M U I I S Y X O N N I L L G
Z T I R E I I R T P E D W S I T P E E U
J W H F U R I S I Y B S E H A H L J D S
T G M O S P L L X H L I F E E T I E G H
A Y H B S U D A H X B R R X H R N B E E
F Z T Z C E P E S F Y G V D E T E S T S
```

Proverbs 15:1–9

A **gentle** **answer** **turns** **away** **wrath**, but a **harsh** **word** **stirs** up **anger**. The **tongue** of the wise commends **knowledge**, but the **mouth** of the fool **gushes** **folly**. The **eyes** of the **LORD** are **everywhere**, **keeping** **watch** on the wicked and the **good**. The tongue that brings **healing** is a tree of **life**, but a deceitful tongue crushes the **spirit**. A fool **spurns** his father's **discipline**, but **whoever** **heeds** **correction** **shows** prudence. The house of the righteous **contains** **great** **treasure**, but the income of the wicked brings them **trouble**. The **lips** of the wise **spread** knowledge; not so the **hearts** of fools. The LORD **detests** the **sacrifice** of the wicked, but the **prayer** of the **upright** **pleases** him. The LORD detests the way of the wicked but he **loves** **those** who **pursue** **righteousness**. (NIV)

Solution on page 164

```
W O L C G Z K M M G J Z A M S P E A K S
U W T V J K V W A E L Z U L U J A P S W
F J B C B L Q Y Z K T C V R E W S N A D
D B Z P K Q O K B S E P P L E A S E B W
K I Y T B K H S U V Y O W X R S H Y Y P
Y Q E K P E A M O D S I W F J X R J E G
F S X I A T T L S E N I M A X E H G B W
H W F T R Q H T S N M G N I L I A F N U
C D E C S Z D V E V E R Y T H I N G K R
G E A N O T Q U R R C N S H S T E P S I
U U R U E M N W O Y A D S F C G S U L E
G N I K J M M P L R E T E U W I C A N V
K D N K U U I I D E P V N L S C R S F I
P Y G R N G D E T E R M I N E S E V I L
G E E J F B H G S S J D L E V L N O S N
M N I G A S T S E T E D D S I I P M H D
E N I V I D C Y N K H E O S T Y V O R H
U P P N R V E F C V W E G H O M A D E F
Q Q U O L J E I B W H A I U M S N A L P
L P L K Y E W S O Z U A R R K M H J Q B
```

Proverbs 16:1–10

We **can** **make** our **own** **plans**, but the **Lord** **gives** the right **answer**. **People** may be pure in **their** own **eyes**, but the Lord **examines** their **motives**. **Commit** **your** actions to the Lord, and your plans will **succeed**. The Lord has **made** **everything** for his own **purposes**, even the **wicked** for a **day** of disaster. The Lord **detests** the **proud**; they will surely be **punished**. **Unfailing** **love** and **faithfulness** make atonement for **sin**. By **fearing** the Lord, people avoid **evil**. When people's **lives** **please** the Lord, even their **enemies** are at **peace** with them. **Better** to have little, with **godliness**, than to be **rich** and dishonest. We can make our plans, but the Lord **determines** our **steps**. The **king** **speaks** with **divine** **wisdom**; he **must** never **judge** **unfairly**. (NLT)

Solution on page 164

Sweet Words

```
J T N X N W O T P L N W D W S E Y E J U
N R K I W A D K U G M I S C H I E F Q W
Y F X J E E Q O L U F R E W O P H I G F
X W D Y M C S Z O U A J P E B V Z R R T
A V F H P E X B Y G H C A M O T S T K W
W L Z V T E C O N Q U E R G A C T S Y Q
Y R U H Y J O I I M Z W A C K Y N Y M U
D F G X S A V P D A F I T F I S A H A C
F I V L R I U G L A N N E V N T L T K X
R A I Y L D B B O E O V S O D T P L H V
W T N S F A D T D S I A I C G T C A B S
M H F E S O F S R T S N A R R O W E D S
D I C T Z F V E C R A I T S H O S H O A
Z B B A J O P U E P C Y P T A T W D T N
S O O E N R K M G K D O W N J A N Y D
S W D R F T R O U B L E M A K E R E R R
Z J E C S O C G O D L Y R O L G I I D O
T E F E W T R C T G H S M W V T W L
B O D Y T D F E X I Y V I O L E N T A K
N Z Q Q M Z N C C T F M H P S E E M S P
```

Proverbs 16:24–33

Kind words are like honey—**sweet** to the **soul** and **healthy** for the **body**. There is a path **before** **each** **person** that **seems** **right**, but it ends in **death**. It is **good** for **workers** to have an appetite; an **empty** **stomach** **drives** them on. Scoundrels **create** trouble; their words are a **destructive** **blaze**. A **troublemaker** **plants** seeds of **strife**; **gossip** **separates** the **best** of friends. **Violent** **people** **mislead** their **companions**, leading them **down** a harmful path. With **narrowed** **eyes**, people plot evil; with a smirk, they plan their **mischief**. Gray hair is a **crown** of **glory**; it is **gained** by **living** a **godly** life. Better to be **patient** than **powerful**; better to have self-control than to **conquer** a **city**. We may throw the **dice**, but the **Lord** determines how they **fall**. (NLT)

Solution on page 164

Rich Man

```
E S F M N U M V C D X C Y G P G O P R E
J T C N K W N Z G O O D L Y G C R B G T
W N P N T Y S T N W I C K E D O A E M G
T C A E N K S W I Y T S O I W M H I A D
Y P R A G H H A D P I E I N T E R E S T
S F K O P D T L N O M V M H C G Y V L K
Y H N A O A L K A F Y L D E B E T T E R
L Y A F W K A S T B R E O R R A A E G E
B L A M E L E S S C O S Z I C C P L C H
S L H V E K W D R O L M S T O S Y V S T
L N H E A S Q I E X G E I A M R P F O A
S T R S T I G Q D V H H N N P E R P N F
M D R U B H N L N I I T T C A H O U T H
I O A I T P G H U R K L E E N T F R B P
F O K E U E X I O V O P G A I A I K R V
S K O G L M W O R E Q N R W O G T O T S
C U M P I S P V R P R W I A N F S E N R
S S O A X H I H L Q U S T Y Y P Y X V K
R E R O N O Z M R D E Z Y F E E V E W U
P L F J M F Y F U J L A U R S K R X I E
```

Proverbs 28:6–13

Better is a **poor** **man** who **walks** in his **integrity** than a rich man who is **crooked** in his ways. The one who **keeps** the law is a **son** with **understanding**, but a **companion** of gluttons **shames** his **father**. Whoever multiplies his **wealth** by **interest** and **profit** **gathers** it for him who is generous to the poor. If one **turns** **away** his ear **from** hearing the law, even his **prayer** is an **abomination**. Whoever **misleads** the **upright** into an **evil** way will **fall** into his **own** **pit**, but the **blameless** will have a **goodly** **inheritance**. A rich man is **wise** in his own **eyes**, but a poor man who has understanding will find him **out**. When the **righteous** **triumph**, there is **great** **glory**, but when the **wicked** **rise**, **people** hide **themselves**. Whoever **conceals** his transgressions will not **prosper**, but he who confesses and **forsakes** them will obtain **mercy**. (ESV)

Solution on page 165

Hasty Words

```
E Q Y K O C E J A Q F M T G P U V W W V
Y V M E Z L E V A B O M I N A T I O N D
S H D P D D F W E R S U O I R U F S R K
U Q J Y K I I W F R Y T S A H F O O L Y
F K J N N C R I V R Y D N B H S L H C Q
E T U Q K A T P J F R S E O T E N W O I
Z Y P E Y A S F A O G C P U E K C W A M
U N D E H F N D W R O U O N T Z P B O O
T R T C D K J A E M I U H D A Q F W T C
E H S L E U V S E L D M R E H G P K E T
H A U Q V J S F F E I H T T K O A S H Y
C O R S C I A K Z A T C E H T Y R G N A
S C T S O S P Q L G V G A H S G T G Y W
M E P N M A W A N Y N O T T E K N D I T
N E R A E J N E L I E S U E E I E L S S
R G R R T C L L R Y U G E R S L R O Q P
H S E E H H A B V J X S Q R N F Y H T I
A W K I H H O M N U I K U I K B D P P R
E W L E S T I U B O H C H T E T T U P I
D D S A O O F H X F U B T S E R V A N T
```

Proverbs 29:20–27

Seest **thou** a man that is **hasty** in his **words**? **there** is more **hope** of a **fool** than of him. He that **delicately** **bringeth** up his **servant** **from** a **child** **shall** have him **become** his son at the **length**. An **angry** man **stirreth** up **strife**, and a **furious** man **aboundeth** in **transgression**. A man's **pride** shall bring him low: but honour shall **uphold** the **humble** in **spirit**. **Whoso** is **partner** with a **thief** **hateth** his **own** **soul**: he heareth **cursing**, and **bewrayeth** it not. The fear of man bringeth a **snare**: but whoso **putteth** his **trust** in the **LORD** shall be **safe**. Many seek the ruler's **favour**; but **every** man's judgment **cometh** from the LORD. An **unjust** man is an **abomination** to the just: and he that is upright in the **way** is abomination to the **wicked**. (KJV)

Solution on page 165

CHAPTER 6: The New Testament

Hot or Cold

```
A D J O X F P W W L G M V Y D X O G I C
J R V Z W Q V X A K I C X R D G N W T Y
D V E P K T O Z T N E J J T V B T R Z L
X P D V D O N G E S T Z L G R U O Y U U
J H Y K Q E V E R Y T H I N G O H S S T
J G I R I C H L M O E N I L P I C S I D
D G V V D L R C M T D S E E A X A E N I
X N F X A I P N T I N W R M K E V N C W
W T T L B R M X F E S I H D R W R D E E
H X C X L M L F W P R E O M H A W E Q K
S R E L W S E E I I Y W R I O W G K U A
M U R R A R A T O F D Y T A J U O A X W
K C R K E N O Y R E V E N D B B T N S I
W M O N T H U H M R A W E K U L N H K S
U W C L C B T A Y I A I I J W I E K G H
Q E S W D N H O F F F M T M Z N G N E W
S V Y N E S A D V I S E H Q Z D I A M V
B M A E Z W M O R F Z Z E E N H L O V E
A X D U S Q K U O P Y U R W T S I R Z D
X R W K M R P O N Y U A X G O L D N T E
```

Revelation 3:15–19

I **know** all the **things** you do, that you are **neither** **hot** **nor** **cold**. I **wish** that you were one or the **other**! But **since** you are like **lukewarm** **water**, neither hot nor cold, I will **spit** you out of my **mouth**! You **say**, 'I am **rich**. I have **everything** I **want**. I don't **need** a thing!' And you don't **realize** that you are **wretched** and **miserable** and **poor** and **blind** and naked. So I **advise** you to **buy** **gold** **from** me—gold that has been **purified** by **fire**. Then you will be rich. **Also** buy **white** **garments** from me so you will not be **shamed** by **your** **nakedness**, and **ointment** for your **eyes** so you will be able to **see**. I **correct** and **discipline** **everyone** I **love**. So be **diligent** and **turn** from your **indifference**. (NLT)

Solution on page 165

Be Baptized

```
K C J U H R R N O O A H D Q D V Q J D Q
P S L X P K R A R E G N I K A E R B O L
T I C G D B R G A P D E U N I T N O C I
U X A L V Y N T F N I S N L F U S N T U
B I J S Y N O E A Q D H L E H S T O R S
A Y K B N W P S T A Y A L L R S S I I Y
P O B T K L U T R D C L C E O A D S N I
P R X J S O W I U E O L T H B R T S E E
L Q I R H I E F M W D E G S I T D I B S
S H Z T I K R Y S H P N E H A L H M O I
C S D R O W P H B E S V O F F F D E B N
O E D O T W I T C S L Q C W O E D R R S
C Z M H F P T U A E V T B V V Q U E E E
A Y Y X I C C M S B A E S I M O R P T N
P R G E G Y E R C Q D P E O U E D I A S
K H W G N Z U V S O D C B A P T I Z E D
B S E A I O Z O E X E O R E S A V E T H
Q H M Z Y U U P J R D O N E F O M O R F
M S A M A L U Z R W Y T U O B A B B T F
H E N Y S P Q O E X W C G M C L R K P N
```

Acts 2:38–43

Then **Peter** **said** unto them, **Repent**, and be **baptized** **every** one of you in the **name** of Jesus **Christ** for the **remission** of **sins**, and ye **shall** receive the **gift** of the Holy **Ghost**. For the **promise** is unto you, and to your **children**, and to all that are **afar** **off**, even as **many** as the **LORD** our God shall **call**. And with many other **words** **did** he **testify** and **exhort**, **saying**, **Save** **yourselves** **from** this untoward **generation**. Then they that gladly **received** his word were baptized: and the **same** day **there** were **added** unto them **about** three **thousand** **souls**. And they **continued** **stedfastly** in the **apostles**' **doctrine** and **fellowship**, and in **breaking** of bread, and in prayers. And fear **came** **upon** every soul: and many **wonders** and signs were **done** by the apostles. (KJV)

Solution on page 165

The Road to Damascus

```
V V T K Y M C R O M Z D X F H O G A Z G
K R W Z T R D Z H A N D A Y S I G H T C
Y W T T T Y X C T M T H G U O R B L U E
X J N O C I H A R O S E D H R N J X M W
E D G C Q P X H A H A D D E F H Z N E J
E N N O Y A R X V W E D W A Y X N W M P
C M Q U I P A O E N G G L R J P L F O Q
Q K Z M O P S N L N C L I I W H A T U V
Z M T H Q R Z Y I E I O G N E V A E H X
M E E S R O G T N N I R H G N I Y A S I
J N F L I A U A G S S D T X T W H N X H
W E M M S C E L L T U O H T I W O Y N M
E I V Q E H C T Y D E C I O V H A T E E
T T P S S E L H C E E P S U B D R A N K
R H R T E D N O T H I N G A I L O O T I
S E Q O Y E W U I O T R E A M G U L E H
P R A O E O R G Z Z L Q S P M A N A R I
W R R D S R K H C D Z D O U O R D A S W
I M R D I V C I T Y S T L W R P G E G T
Q R M K B T T P I Y U X K C F S U I L X
```

Acts 9:3–9

Now as he **went** on his **way**, he **approached Damascus**, and **suddenly** a **light from heaven** flashed **around** him. And **falling** to the **ground** he heard a **voice saying** to him, "**Saul**, Saul, why are you **persecuting** me?" And he **said**, "Who are you, **Lord**?" And he said, "I am Jesus, **whom** you are persecuting. But **rise** and **enter** the **city**, and you will be **told what** you are to do." The **men** who were **traveling** with him **stood speechless**, **hearing** the voice but seeing no **one**. Saul **rose** from the ground, and **although** his **eyes** were **opened**, he saw **nothing**. So they **led** him by the **hand** and **brought** him **into** Damascus. And for **three days** he was **without sight**, and **neither ate** nor **drank**. (ESV)

Solution on page 166

Life or Death

```
W W B V F P J H Q B W X H N Z D S W M Y
S D N A H U X L B I Z M M J H H Q X J Z
W H I D H V E F W H W B X T C B S B R I
J Q A Q S T U N M V G E U A J S G E L Y
E L X V D B I I K M Y Y S U S E J L L F
S S L J I E L A A B U C A E C O A U O F
Z K L A Z N P G F Y D D L L I H Z U B Y
L R C U B C G A E S E E T C S Y O J E O
C G O E F O E N R S H G I R U O Y O B W
E S N E I D U O I T I N A F W F G V S H
A V F I B M E R R H G G R O I S X W H E
B I I O M R E E G E T U T U S N K L U T
L N D L F O V H N N I O S E L G G N S H
I Y E X P E C T A T I O N U Z S I A Q E
R H N D N T S A B U N D A N T T S S M R
B O C M E E D E B L L R R S N A Y H W M
R P E I N I T D W O N K I O A H A A A N
G E Y R H T J W B O R R C E C W W M T Y
Y P A U E W X L O X H M B I B C L E O I
Z E P R H T O O B C G Z E D I B A D S L
```

Philippians 1:20–26

According to my **earnest expectation** and my **hope**, that in **nothing** I **shall** be **ashamed**, but that with all **boldness**, as **always**, so now **also Christ** shall be **magnified** in my **body**, **whether** it be by **life**, or by **death**. For to me to **live** is Christ, and to **die** is gain. But if I live in the **flesh**, this is the **fruit** of my **labour**: yet **what** I shall **choose** I **wot** not. For I am in a **strait** betwixt **two**, **having** a **desire** to **depart**, and to be with Christ; **which** is far **better**: **Nevertheless** to **abide** in the flesh is more **needful** for you. And having this **confidence**, I **know** that I shall abide and **continue** with you all for **your** furtherance and **joy** of **faith**; That your **rejoicing** may be more **abundant** in **Jesus** Christ for me by my **coming** to you **again**. (KJV)

Solution on page 166

Antichrists

```
H I I X Y Q T P S A D U J F W X S V C P
Q G Y F F X G S Y X N O R R Q E P E N Y
P B A M Y Y P O G G V S O C B Z I Z S S
D G X T V R N D B W N E H C I X W D C H
J D Q H E W L U A Y O I B T V V P E R Z
P X V E V S Z Z H W L N M H E P G O O S
J K G R C Y H T O D F E D O F T W H Z D
X U R E S N C N R F P D P M C M F Y H O
X A H F B A O E R W T W B E V S V Y Q S
X R F O D M N W K F U O S M T R F L G P
F A B R D J T T U K E U J O E O A M C V
N A P E O L I P I G A L Q C N W R I T E
T L K M G M N I U C V D F E W A K G L O
A W H S N D U Q E Q H O U B Y L O H U T
F R R A P U E B P X R R W N F L E T R I
H T E O X P D L D E T N I O N A L U V M
L T Z Q A K A A W O F H L S R S T O M H
L P R L G I B S Q O Z F N D T H C H R O
Q J E C N W R T D L N S Q S U S E J E U
J U V Y R F Y O D I Q K I N A P W N W R
```

1 John 2:18–22

Children, it is the **last hour**, and as you have **heard** that antichrist is **coming**, so now **many anti-christs** have come. **Therefore** we know that it is the last hour. They **went out from** us, but they were not of us; for if they had been of us, they **would** have **continued** with us. But they went out, that it **might become plain** that they **all** are not of us. But you have been **anointed** by the **Holy One**, and you all have **knowledge**. I **write** to you, not **because** you do not know the **truth**, but because you know it, and because no lie is of the truth. Who is the **liar** but he who **denies** that **Jesus** is the Christ? This is the antichrist, he who denies the **Father** and the **Son**. (ESV)

Solution on page 166

Husbands and Wives

```
M N E R A M O G W X Q Z L U E L A Y I W
Q W W T H S N O O X V R G T F U L R N X
H H N T U Z R B I D X Z B K V O H V G B
Y E D L X D T E M R D E T A H C R U H C
P O J Q O K W O V T L Y W I T H O U T X
P R L I V S S D Q E H A L L T R E T A W
J E R T A Y L G H H S E L F C I P V C M
Z H G U G A T H A N I H E S R O A H
H T E V O L B C I V T Z A R O T E N X G
Y O T H A Y O N E H I M S E L F S Y S K
H M S T E H G R S F V D U I L H E E J E
X T A R P U T F I W A Y F I T C N A S O
P S E S E S N E L O O T E E E O T O P S
L M C A H B C V H W U U H Z B L H X I O
E C L C O A M J N S J S G E P W G I Y R
P F U D U N L E G N I V A H R H I C V N
Q S I S J D V L M R U R X V T P M V U N
V E E W L S Y O E N X K U P X P A G E T
S G J K G N I H T I S Q J O I N E D U S
H L F P K Q C O Q M H E L K N I R W T X
```

Ephesians 5:25–31

Husbands, love **your** **wives**, even as **Christ** **also** loved the **church**, and **gave** **himself** for it; That he **might** **sanctify** and **cleanse** it with the **washing** of **water** by the **word**, That he might **present** it to himself a **glorious** church, not **having** **spot**, or **wrinkle**, or any **such** **thing**; but that it **should** be **holy** and **without** blemish. So **ought** men to love **their** wives as their **own** **bodies**. He that **loveth** his **wife** loveth himself. For no **man** **ever** yet **hated** his own **flesh**; but **nourisheth** and **cherisheth** it, even as the Lord the church: For we are **members** of his body, of his flesh, and of his **bones**. For this **cause** **shall** a man **leave** his **father** and **mother**, and shall be **joined** **unto** his wife, and they two shall be one flesh. (KJV)

Solution on page 166

```
D H X S Y O F S Y N O M I T S E T Y N M
P D K R L W H Q L D E S S E F N O C K J
E P N I J J J P A O J P S E A X Z M W R
Y B M Y O B J Y N O E S K I N G S E E N
V Z C F C L B T R G E J L B W W J V L H
W M L Q G E E H E N G L W A F J E H L E
I G I S L S P G T B I C A U S V T Y E F
I N Z H Z S O I E R M B V Y A I S U C L
V S E Z I E W M B D N T E G A U E L I Y
G Q T G U D E L A E V E R F I B R I Z S
M M A F R N W A L L F G I T O V G V B R
G J L K P A T H Z L R H N B T R E E J P
B X I U O M H I I A O O G E N J E S U S
D N P S W M F C L C P L N N V O D X S K
P T U M E O M C H J H D X O D A I B T L
C U W O R C H U F R O M U L H N E V E R
B T Y E Y D M N S K I Y P A V Y I H Y I
N U V L Z A R M F I V S T T E L I F E G
S E M N N S D J U D N H T L U A F A B H
R B A D Q O F M N J F O T Q G O Q B O T
```

1 Timothy 6:12–16

Fight the **good** fight for the true **faith**. **Hold** tightly to the **eternal life** to **which** God has **called** you, which you have **confessed** so **well** **before** many **witnesses**. And I **charge** you before God, who **gives** life to all, and before **Christ Jesus**, who **gave** a good **testimony** before **Pontius Pilate**, that you **obey** this **command** without **wavering**. Then no one can **find fault** with you **from** now **until** our Lord Jesus Christ comes again. For at **just** the **right** time Christ will be **revealed** from **heaven** by the **blessed** and **only almighty** God, the King of all **kings** and Lord of all lords. He **alone** can **never die**, and he **lives** in light so **brilliant** that no **human** can approach him. No human **eye** has ever **seen** him, nor ever will. All **honor** and **power** to him **forever**! Amen. (NLT)

Solution on page 166

Seven Seals

```
K D A U M O E H K Z K Y T K R I A P R N
P A V N N X Y Y T A C E Y C E V S H G X
K R C K A L J C S S O G V A W F W R V N
M U J R H J L C R G N I D L O H D Q V O
I H P P V J E L G I Q D T B P S E D V A
L E S E B O W I V S U H B E N K R N D R
Z X F I D F I I N D E H C T A W D J O M
S F U E N F L C N R S R S T P R O K G D
C G O U K C A O E S T Z U F G S T R F F
F W C A T C R K O C C L D T T L Y H C A
X B C B Y L G M A K E L U R A B K X E G
Q V X W A U E V P F E D N O C E S S E M
Y S F M H J Z C Y H D D Q P C F R T D O
G L B F L I C L C R Z R J O Y O S C O M
S H N E K D T V N R P A I G P R M T R Z
I D P M N E V E S L A E S H I E E E U S
R H S A G T D W S L N H A F T V N I O O
V V A C A B O B W V F C Y C T H E E F Q
F L E N P R A E Q S L A Y N E M N N D H
R C B Y D G R Q D H R E R U P G J F K P
```

Revelation 6:1–5

I **watched** as the **Lamb** **opened** the **first** of the **seven seals**. Then I **heard one** of the **four living** **creatures say** in a **voice** like thunder, "**Come!**" I **looked**, and **there before** me was a **white** horse! Its rider **held** a **bow**, and he was **given** a **crown**, and he **rode out** as a conqueror **bent** on **conquest**. When the Lamb opened the **second** seal, I heard the second living creature say, "Come!" Then another horse **came** out, a **fiery red** one. Its rider was given **power** to **take peace** from the **earth** and to **make men slay each** other. To him was given a **large sword**. When the Lamb opened the **third** seal, I heard the third living creature say, "Come!" I looked, and there before me was a **black** horse! Its rider was **holding** a **pair** of scales in his **hand**. (NIV)

Solution on page 166

A Chosen People

```
W U K U K D B E H V X L E P B L G T G G
K P O Y C R E M K W K Y B C L I X F P H
C Q O J Z D K E D M N A P V N I E T R S
I U V W A K S W D O B L W I O O S A W N
R X B L F T O D E S I R E S I N T O Z B
J U S E E R P Z T G K N G I T V D T U O
C O K S L W U A L J O X G T A E N T M L
B K O D E O I P F T H O T S N I A G A O
D V D T D N N A D S H F D I D H U S S W
X O E H P D K G B G E O T E W U D D T Z
R B R G H E U R I V E S U A C E B N U H
M D G I Z R N W A N E N I G B L G E M Y
X Q S L U F N I S D G E E A H C A I B R
J T X M E U C U U E X I G S R R K R L Z
F M W W V L W Y C L M L O N O P B F E Y
A Y Q G W A P H H L J A F A O H E M H W
A K Z M N Y T O I A I X Y G F M C H V P
W H G J O O S E E C A V H A D E A R F V
N X C B R R R X D P H T E P C B M A X Y
N S F W Z J F W D P N G Q S Z U U W P H
```

1 Peter 2:8–12

They **stumble** **because** they disobey the message—**which** is **also** **what** they were **destined** for. But you are a **chosen** **people**, a **royal** priesthood, a holy **nation**, a people **belonging** to God, that you **may** **declare** the **praises** of him who **called** you **out** of **darkness** **into** his **wonderful** **light**. **Once** you were not a people, but now you are the people of God; once you had not received **mercy**, but now you have received mercy. **Dear** **friends**, I urge you, as **aliens** and strangers in the **world**, to **abstain** **from** **sinful** **desires**, which **war** **against** **your** **soul**. Live **such** **good** **lives** **among** the **pagans** that, **though** they accuse you of **doing** **wrong**, they may **see** your good **deeds** and glorify God on the day he **visits** us. (NIV)

Solution on page 167

Faith

```
P O D F I G G I F T S H S W A E K D Z T
X F N J I O G K W G O K X H U R F U I C
M L M C U U L G N J A E S R E V I N U C
M U X M I T V I L E Z W E C S M Z A O V
T H S E Q V H D P C E O E R J N B N I M
X V F A I T H S A C R I F I C E V S V N
X D K J A H K Q G N V X W G L I I H R J
W E E H C R E A T E D D N H C B P O U Z
U R W D C O V U D S E N O T L G R U E H
X E U L O U W I O U I U I E D A M L B Z
S F C O T G X O J A D O T O N G B D B M
I F Q N B H F E C C N F A U A A D E C T
E O R H A V I N G E L T D S T H F B A U
B T B V D R O W Y B H J N P S O C K I O
R V G T H O U G H E C D E L R C E I N T
H S V L L I T S I J L C M E E N O C H B
H U L F L Z J R S N C P M A D E P O H W
T R L X H B W H T A E D O S N R O O K Q
Y S G C Y P M G H T A E C E U Z C Q O F
J C D H J I P H I V N X S D P O E J O G
```

Hebrews 11:1–5

Now **faith** is the **assurance** of **things** **hoped** for, the **conviction** of things not **seen**. For by it the **people** of **old** **received** **their** **commendation**. By faith we **understand** that the **universe** was **created** by the **word** of **God**, so that **what** is seen was not **made** **out** of things that are **visible**. By faith **Abel** **offered** to God a more **acceptable** **sacrifice** than **Cain**, **through** **which** he was commended as **righteous**, God commending him by accepting his **gifts**. And through his faith, **though** he **died**, he **still** **speaks**. By faith **Enoch** was **taken** up so that he **should** not see **death**, and he was not **found**, **because** God had taken him. Now **before** he was taken he was commended as **having** **pleased** God. (ESV)

Solution on page 167

Twinkling of an Eye

```
V X W D A Y E E W Z D M G K H J R U G V
J C E A I P T W O C S L I H Y J J S O G
A D C G D M F E R S W S L F R J V D S G
N B P U C E D S P I S Z Q S E H Y J E R
G I V E T H S E C M T R P F M L J S W F
N I N G P C R I W M U T G F A Q Y U I L
F B A C T O B I A O Y R E S C Z E R F X
G G S W O R G G S R L S T N P R B S Y N
V A P M O R G N K T H L L S E P Y I A S
N Y D U Q U R I I A Z A A H E E H V O R
D C G S B P Z U L L T F W W L O V U L W
S H R T K T T L P I K K A U S K N A H T
T A D Z V I Q E S T V N R P G D E I R M
L N V I M B I T N Y I I I G N D C M C G
N G I U C L R E F C C O G W I H N M W O
O E G Q S E M D E A T H N N T I G Y C D
M D N P N O C D Y U O S I S S A P X I M
U R Y G M G R K E J R W Y A Z X C A Q K
M V T H R O U G H A Y W A F H V L X R Y
J H H F L C V R Z S S U S E J I O S D Q
```

1 Corinthians 15:51–57

Behold, I shew you a mystery; We **shall** not all **sleep**, but we shall all be **changed**, In a **moment**, in the **twinkling** of an **eye**, at the **last** trump: for the **trumpet** shall **sound**, and the dead shall be **raised** incorruptible, and we shall be changed. For this **corruptible must** put on **incor-ruption**, and this mortal must put on **immortality**. So when this corruptible shall have put on incorruption, and this mortal shall have put on immortality, then shall be **brought** to **pass** the **saying** that is **written, Death** is **swallowed** up in **victory**. O death, **where** is thy **sting**? O **grave**, where is thy victory? The sting of death is **sin**; and the **strength** of sin is the law. But **thanks** be to **God, which giveth** us the victory **through** our **Lord Jesus Christ**. (KJV)

Solution on page 167

Help Others

```
V V R Z Q V O U S O N L Y W Y C M V P Q
K P L Z E L B I S N O P S E R K I P F O
K K S F L E S R U O Y A V Z B I Z A C A
N I U N U H I G N I R A H S Y O C Q H F
I F X L F Z T P S T A P K X E X T R B G
H F O E E J B A T C B L E S N D R N L Z
T H G I R C O M P A R E C O O F M V O X
E D F L A U D B C F T H I M Y L T N E G
D E P N C S B K L S E T R E N F H H I V
V E D I V O R P E I A N E O A O E V S U
F N M V J M O J P T C A V N Q O I X R Z
A C H R I S T C P A H T E E T L R C E L
D R D Q B H H M W S E R I U V I O A T U
T G I Y O M E O X L R O L S H N O U S X
S F P S L T R O S E S P E Q D G Y N I Q
W Q E F A K S E G H G M B U R D E N S H
F I R U W X P D O W W I C R E O G P W Q
H B G T N H J U D E H T Q A M N T Y I O
C H R R G D L G L H V D R C A E G N E Z
T U Z D N D D L Y A S R E Q S Y P R I O
```

Galatians 6:1–6

Dear **brothers** and **sisters**, if another **believer** is overcome by some sin, you who are **godly** **should** **gently** and humbly **help** that person **back** **onto** the **right** **path**. And be **careful** not to fall **into** the **same** **temptation** **yourself**. Share each other's **burdens**, and in this way **obey** the **law** of **Christ**. If you **think** you are too **important** to help **someone**, you are **only** **fooling** yourself. You are not that important. Pay careful **attention** to your **own** **work**, for then you will get the **satisfaction** of a **job** **well** **done**, and you won't **need** to **compare** yourself to **anyone** **else**. For we are each **responsible** for our own **conduct**. **Those** who are **taught** the word of God should **provide** for **their** **teachers**, **sharing** all good things with them. (NLT)

Solution on page 167

The Beatitudes

```
N Q S W V A F N D V P I E K J X D A U A
W T B O P S G P P U F Q A T J T F O F D
W D E A J H R A R U Y E R T H I R S T H
I J E A L I D E I F S I T A S E O F U U
A K I T Y C M S K N L A H P V O U N I M
Y B P J U W A I T A S T K I Y N G B A K
R B E S X C B Z C L M T L E M E C F V D
L R I G H T E O U S N E S S R V O T U L
X B O D F A M S E V I E C E R A G N P H
N D V A T F L D R R L C M A U E P U G G
O K C S O H S L G E D H S T E H P O R P
D S D R M T A P U W P B T I M P G C O W
M G T X O R H X I A K E C H D R D C X R
B E N W D M E E G R R T Y L E S L A F S
D M R X G K O J R D I M C A S I K X L T
T P Q C N S E U O S F T T C K Y R X O G
K M D Z I N H E R I T Q L D L F G S W L
N J M X K F E Y M N C A L L E D N X H L
M E E V U B U U P U T E E B Z O P H L I
D I L F D N V L Z L S M B J S M B I L Y
```

Matthew 5:3–12

Blessed are the **poor** in **spirit**, for **theirs** is the **kingdom** of **heaven**. Blessed are those who **mourn**, for they **shall** be **comforted**. Blessed are the **meek**, for they shall **inherit** the **earth**. Blessed are those who **hunger** and **thirst** for **righteousness**, for they shall be **satisfied**. Blessed are the **merciful**, for they shall **receive** mercy. Blessed are the **pure** in heart, for they shall see **God**. Blessed are the **peacemakers**, for they shall be **called** **sons** of God. Blessed are those who are **persecuted** for righteousness' **sake**, for theirs is the kingdom of heaven. Blessed are you when **others** **revile** you and persecute you and **utter** all kinds of evil **against** you **falsely** on my **account**. **Rejoice** and be **glad**, for your **reward** is **great** in heaven, for so they persecuted the **prophets** who were before you. (ESV)

Solution on page 168

Salt of the Earth

```
U U K C I T S E L D N A C Y J G Q A S T
L F A K M Q H T S E B S A L T E D G T Z
E P Z R L A R E D W Q G N B A Q P Q X Z
Y K I A I S U D N Q R F N P N W E L H N
B T Q Z G B O P E C N H O U S E R J J F
T H L E H R V I V E E E T I C C M O M G
H H V T T R A H A X N F I I P W I Y D I
F K K A R A S E E C A O O T P J O B C R
Z F L Y N R R I H T H V T R H R B R L G
M C K L V Z Y F H Z M V O H T E Z C L C
V T E P L H U E D Y F P T S I H R O I D
E A G E V Q R H L D H E E W W N Y H H O
Y T V A Y E T J X E V D T A E W G E O E
X J Y U P P F M T I H G L O R I F Y L B
W P N U I D T S G C A S T F E T T O O F
U I X Q O Z E K S X C L U N H N H A O H
N S L J I T T B L B B L N B W C I T Y U
T S C A F E S V T X F A D B D T N H E M
V E S T L E W O F I B H E E I U K S S A
L L W R T E B K L L S S R C B Q X B A B
```

Matthew 5:13–17

Ye are the salt of the **earth**: but if the salt have **lost** his **savour**, **wherewith shall** it be **salted**? it is **thenceforth** good for **nothing**, but to be **cast** out, and to be **trodden under foot** of **men**. Ye are the **light** of the **world**. A **city** that is **set** on an **hill cannot** be hid. **Neither** do men light a candle, and put it under a **bushel**, but on a **candlestick**; and it **giveth** light **unto** all that are in the **house**. Let your light so **shine** before men, that they may see your good works, and **glorify** your **Father** which is in **heaven**. **Think** not that I am come to **destroy** the **law**, or the **prophets**: I am not come to destroy, but to **fulfil**. (KJV)

Solution on page 168

```
M F N P F P D F K M Z T X M U W O P U S
U M U R D E R C R H L O U O C C Y W L A
E V A E L O X J O E E I F P D N A L C G
C B T S C Y O J L U W D X F B H A Z Y P
Y T D E Y R D L O T R I O S I C U R S E
S E C N E R E F F I D T Q A C C U S E R
R R C T J H A C D W H O S C L V E M T S
O S D I R J X S O E F O G R P L Z R O O
T K K N S P K R R N M X Q I Y W L M V N
S Y A G S S R W E E C I X F R P E J N F
E A M N T Y I I T B V I X I G O T S T R
C L I E G S B H S Q M D L C N Q U Y P H
N T Z S E Q I Q O O W E A E A D P O A B
A A F Q T N O F U T N E M G D U J N E K
B R O U G H T X I K C X E E A D D Q L E
I F D I I E R M S R S E N L R I A P P Y
M C E C R E M O P F E L J A T P N E M U
O B P K S O A G W G Y S E B W T G S E J
G A U L C O T J J N Y H H I U G E I T D
K F S Y A Z Z K H T J C F G L S R S C V
```

Matthew 5:21–25

You have **heard** that our **ancestors** were **told**, 'You must not **murder**. If you **commit** mur-
der, you are **subject** to **judgment**.' But I say, if you are even **angry** with **someone**, you are sub-
ject to judgment! If you **call** someone an **idiot**, you are in **danger** of being **brought** before the
court. And if you **curse** someone, you are in danger of the **fires** of **hell**. So if you are **present-
ing** a **sacrifice** at the **altar** in the **Temple** and you **suddenly** **remember** that someone has **some-
thing** **against** you, **leave** your sacrifice there at the altar. Go and be **reconciled** to that **person**.
Then come and offer your sacrifice to **God**. When you are on the way to court with your **adver-
sary**, **settle** your **differences** **quickly**. **Otherwise**, your **accuser** may **hand** you over to the
judge, who will hand you over to an **officer**, and you will be **thrown** into **prison**. (NLT)

Solution on page 168

Giving to the Needy

```
O P K K O K L W Q S P A R T E P M U R T
T Q C E X E S I W R E H T O R S O O U Z
P W X L O V E O U T I S F A T H E R O S
C R O P H X T C H O Y R Y C L F J E H O
F R N H V F I E A N T E I V K D E R T N
G L O R Y Y R Q A Z S N B G L M N L K H
R A E H G E C G P T W R U L H I L K Q Z
A L M S F X O I J Z U O E L W T Q F D H
S I S O M G P P P M F C D W D B S M F B
B Z R T U I Y D H N E L O O A Z G A M C
K E J E W W H E P E N N W V E R I L Y P
E N S L O X A S Q S K L S S U T D K P Q
D I T T P V O D T D A E H G L J H Z O C
K H A M E U D X V T C S B A A Z W R H Z
U T N N N E C E G R H B H W N E Q J L S
N K D D L E R V E I Z S G D D D Y K B Q
D V I T Y W I T C H I F I I N G D G T L
U Z N J B D K N S F V Q F O I A S C K M
G Q G N F B Y R F M O P U W J Y L U X B
N T F C L S T N V A S P G P H H V E I I
```

Matthew 6:1–5

Take **heed** that ye do not your **alms** before **men**, to be seen of them: **otherwise** ye have no **reward** of your **Father** which is in **heaven**. **Therefore** when **thou** doest **thine** alms, do not **sound** a **trumpet** before thee, as the **hypocrites** do in the **synagogues** and in the **streets**, that they may have **glory** of men. **Verily** I **say unto** you, They have their reward. But when thou doest alms, let not thy **left hand know** what thy **right** hand **doeth**: That thine alms may be in **secret**: and thy Father which **seeth** in secret **himself** shall reward thee **openly**. And when thou **prayest**, thou **shalt** not be as the hypocrites are: for they **love** to pray **standing** in the synagogues and in the **corners** of the streets, that they may be seen of men. Verily I say unto you, They have their reward. (KJV)

Solution on page 168

The Lord's Prayer

```
K R S U X M K H T V N E U N T Z S X A P
U Y K A E G D W M W D E B T O R S U Q S
O F E N U F X Y I T S E V I L Z O L O F
T A E B O U X D M O D G N I K E E P H D
P K D U S W W B A B B L I N G A A K E E
S X Z K O I S Q W I R Q O U D R I W A D
B X N Z H P N U D E L I V E R S O N V O
I U S T O D A Y H Y T Y Y K M L E F E K
I H L H T O G T G A T S H S L E M A N K
X Y G M Y E A R T H D M N A D B A I L S
B W H C W F P P O R Z J H I D F H L Y H
G B U E A V M P O Q T C B L A T D H E B
C Q X A K E S W O H X X Y Z E G Y K C I
L F C W T U N C L T K R D W R B A Q Q X
R W A C B F I O W Q Z M I Q B V R E Z X
R P N R W J S F D Y O Z R W Z D P G R A
N Q O W Q S A N T D J I V V M E G R P P
D R L D I G S C L G B R R V C N Z L N A
B T O E G U B G B V D L F Y M Y B H B C
H E H G X Q E I S K E J E D K M O I J L
```

Matthew 6:7–15

And when you **pray**, do not **keep** on **babbling** like **pagans**, for they **think** they will be heard because of their many **words**. Do not be like them, for your **Father knows** what you **need** before you **ask** him. This, then, is how you should pray: "Our Father in heaven, **hallowed** be your **name**, your **kingdom** come, your will be **done** on **earth** as it is in heaven. Give us **today** our **daily bread**. Forgive us our debts, as we also have **forgiven** our **debtors**. And **lead** us not into **temptation**, but **deliver** us from the **evil** one." For if you forgive **men** when they sin **against** you, your **heavenly** Father will also forgive you. But if you do not forgive men their **sins**, your Father will not forgive your sins. (NIV)

Solution on page 168

Treasures in Heaven

```
Z L Y Y T X P E R V T S L D B P V E F J
K G I V Q W U N R O Y A J E N G N U V Z
G I I Q N R E H P N D O S T E A L S H M
Y S Z K E W O Z S E F B S M I I C E A A
K E R W E I Y X O W J U T J T N L S Q S
V Q D Q R B J F L O R G C N H N T N E I
X R F D W T H S H B W J L Q E E Q V V F
U X V A W R C Y E S L Y M I R J E D O A
A G K U H Y Z U A R O D E S P I S E L R
E E J F W U I W V Z U P E N H E B S I P
X E P O N M M J E U U S T T O U A T G E
Z P F M Z T O S N H R J A I I M D R H L
I M V Q H L O P S D H S H E N G T O T O
N X K F Y F I A S E V L E S R U O Y F H
P R A Q G J E Z A T N Z L E P T N S E W
V F I E P Z G L M O R K V U A M N O V B
L Q U Q M O T H K V J Z R E F K A E R B
D L H P D H O Y F E Y S R A W P C L E Q
F T V C Y F C L O D Y G B O D Y A Q S Z
Y E U O E V U M A Z Q E Y F L A W S G N
```

Matthew 6:19–24

Do not lay up for **yourselves** **treasures** on **earth**, where **moth** and **rust** destroy and where **thieves** **break** in and **steal**, but lay up for yourselves treasures in **heaven**, where **neither** moth **nor** rust **destroys** and where thieves do not break in and steal. For where your treasure is, there your heart will be also. The **eye** is the **lamp** of the **body**. So, if your eye is **healthy**, your **whole** body will be **full** of **light**, but if your eye is **bad**, your whole body will be full of **darkness**. If then the light in you is darkness, how **great** is the darkness! No one can **serve** two **masters**, for either he will **hate** the one and **love** the other, or he will be **devoted** to the one and **despise** the other. You **cannot** serve **God** and **money**. (ESV)

Solution on page 168

```
C M R C D Q G V Y I S P A N N L H I N R
H H K J K T S O N N G S F Z T K P A F X
W O D K S W L S D E D D A R D R N F T E
J H U W O V E N W O R H T R H E I S W F
T O I L B Z I N Y Q V L H W G S R W H H
Z L F K L F A X Z M D V E D S I K O W X
W S P I N A Y A F T H E R E F O R E N M
N R J N S Y H X T G Y L N E V A E H E K
P D B G A E U S R A I S P N K R Z T R S
V D E D N V G U U E U G U L T R U I P M
A W O O J I W R E O H G N I Y A S A O S
X T D M Z L H S E L I T N E G Y U F N I
K S C D Q A W T W D G X I S V E X O I F
G E G S O O H Y O J I N N E E D M O I J
A S Z N N G G C R L W S I A N O S E D D
M Q W K I C T R R E C J N S L I L I E S
N C I R L H G L O R Y Q B O T D H I P Z
F T E U X K T G M W Q G S E C G Y A F G
W J I U L O Z H O U R H L X W A H P T E
R T C C W X E L T T I L S B H T M S Q T
```

Matthew 6:27–33

And which of you by being **anxious** can add a **single hour** to his **span** of **life**? And why are you anxious about **clothing**? **Consider** the **lilies** of the **field**, how they **grow**: they **neither toil nor spin**, yet I **tell** you, even **Solomon** in all his **glory** was not **arrayed** like one of these. But if **God** so clothes the **grass** of the field, which **today** is **alive** and **tomorrow** is **thrown** into the **oven**, will he not much more clothe you, O you of **little faith**? **Therefore** do not be anxious, **saying**, 'What **shall** we eat?' or 'What shall we drink?' or 'What shall we wear?' For the **Gentiles seek** after all these **things**, and your **heavenly Father knows** that you **need** them all. But seek **first** the **kingdom** of God and his **righteousness**, and all these things will be **added** to you. (ESV)

Solution on page 169

Wolves in Sheep's Clothing

```
Q G H L B M B D U M H E A V E N B I T A
P Y K X M O D G N I K C B Y J C K D I G
D N N P I H G L D F T A Y R B W I Z D Z
P T W M B B C E C I W O L V E S R A E R
L Z G L Y L N O O I S T D N G L B F P U
W T R M X T B N A E F C T U S L N F P L
Q U I V I O S C H B I E I G S U T G O M
W H G F N M T S D D R S I P E Z R S H Y
A P Y P R W U E Y H E F Y L L A U T C A
W V S K R B O Y Y D M P G T M E E E I T
B F A E N O Y R E V E Z Z S R F S H V A
O A W R L J D A H O N Y L L A E R P M Q
H T O X T T D U P T L J M L H E S O M G
X H Q I B P S L C C A C S M A M N R G P
T E U T P I E I W E M E W P G R A P E S
C R A R N C D E H M S U O I C I V P P N
F G X G A W X D H T R E E C A I V L Y D
C I D B Q X G Z Z S D C B K L H A W N S
G U N K E Z T V A D F S L T L L T D U R
K D S W J N U W Q G V P I K S T S P F Q
```

Matthew 7:15–21

Beware of **false prophets** who come **disguised** as **harmless sheep** but are **really vicious wolves**. You can **identify** them by their **fruit**, that is, by the way they act. Can you **pick grapes** from **thornbushes**, or **figs** from **thistles**? A good **tree produces** good fruit, and a **bad** tree produces bad fruit. A good tree can't produce bad fruit, and a bad tree can't produce good fruit. So every tree that does not produce good fruit is **chopped** down and **thrown** into the **fire**. **Yes**, just as you can identify a tree by its fruit, so you can identify **people** by their **actions**. Not **everyone** who **calls** out to me, 'Lord! Lord!' will **enter** the **Kingdom** of **Heaven**. Only those who **actually** do the will of my **Father** in heaven will enter. (NLT)

Solution on page 169

The Power of Words

```
H V P O E F M D V Z W O R D S M Y D N S
G X P P C U D P J T S A M D Q P I G L C
C I O X G I L T H G Q T V E A P E W P E
B X X A H B Q W N Z G G P B U K Z A O R
H G L A C D E I F I T S U J V P O H K U
L W V E J C R H A D E N M E D N O C L S
Y K I U I B O S M P D V R A H L A K A A
D V B L P K U U U A E A B F Y R S N G E
U S G X S Q L W N W H O E V E R S O A R
K T D Z M I D C A T M N P L J L C S I T
R Q R S B T E V Y R E V E L I N X R N I
B D A L L E T I R I P S I V E B F E S U
G I O B O E R P T F S D E C I L M P T R
W U L A O C A E O H A O O M J G S N U F
Y K B I Z Z E R P Y E O Y O D P R W L O
G W I O A E H S L T I R Q U W M A O C Z
Z Y A Y P H H H M R N B J T S W Q N F L
T B W R T I T Q G S I R Q H S V N K G O
K R F B I F Y S J O V I O P X F Y L C B
A E R W O M U H K S H Q L O K H U E L J
```

Matthew 12:32–37

And **whoever** **speaks** a word **against** the Son of Man will be **forgiven**, but whoever speaks against the **Holy Spirit** will not be forgiven, **either** in this age or in the age to come. Either make the tree good and its **fruit** good, or make the tree **bad** and its fruit bad, for the tree is **known** by its fruit. You **brood** of **vipers**! How can you speak good, when you are **evil**? For out of the **abundance** of the **heart** the **mouth** speaks. The good **person** out of his good **treasure brings** forth good, and the evil person out of his evil treasure brings forth evil. I **tell** you, on the **day** of **judgment** **people** will give **account** for **every** **careless** word they speak, for by your **words** you will be **justified**, and by your words you will be **condemned**. (ESV)

Solution on page 169

Who Am I?

```
B P U G O Q C S D E W B Z W M D F T B T
E M R O O O X R I D R S B D G U W S O N
F E Y A T J V D J O H N U N J Y V F U M
X H A N O J W V I W A B I U A K H P A V
V T S K E Y S U S E J V L O M R X H K Z
Y R C S I M O N C K I F D B W D P P T U
X A H X R Z T E L L L R C H W E I G B J
Y E L P O E P W L R E V E A L E D I O L
I V G J D T H T B D M O D G N I K V N H
I C E S D A G T P S B C A E S A R E A A
W J A V T V G U O A P T C C L U D I H C
S U A E X E I B C N H Q I L S O M V H A
U F V T R L H A J S I P P T G E O U B Y
D E S S E L B P H W L N N R R Y R S R H
R C I I N U W T O E I O V E R C O M E F
L D D R O C K I S R P I J P H K G A H D
A S P H I H K S V E P G K L B A V F T E
I G Y C A S N T H D I E R I T E D M A K
H T X U J G K P E T E R N E N H J E F S
Z P L D B Z X P Z V V D S D R X N O S A
```

Matthew 16:13–19

When **Jesus** came to the **region** of **Caesarea** **Philippi**, he **asked** his **disciples**, "Who do **people say** the **Son** of Man is?" They **replied**, "Some say **John** the **Baptist**; **others** say **Elijah**; and still others, **Jeremiah** or one of the **prophets**." "But what about you?" he asked. "Who do you say I am?" **Simon** **Peter** **answered**, "You are the **Christ**, the Son of the **living** **God**." Jesus replied, "**Blessed** are you, Simon son of **Jonah**, for this was not **revealed** to you by man, but by my **Father** in **heaven**. And I **tell** you that you are Peter, and on this **rock** I will **build** my **church**, and the **gates** of **Hades** will not **overcome** it. I will **give** you the **keys** of the **kingdom** of heaven; **whatever** you **bind** on **earth** will be **bound** in heaven, and whatever you loose on earth will be **loosed** in heaven." (NIV)

Solution on page 169

The Greatest

```
A M Y E Y I C K S E J D W P W R P H X J
R X Y R G A Z E J N C Z Q R E I Y I P J
A T L B O R M I M O E G T T X A S K E D
J Z G W A O A H U T F R T L A M K A S E
A D I S C I P L E S R E D R H K D S U L
Y T Z E O I G J A L B A F L A H E B A L
A U B C Z N L N N L M T N S I N S U C A
A P Y W Q R F Y I I N E I K D H E I N C
E L P P Y U V D X M K S R B I K C Y M R
C F A K M T W P Q S O T A Q D F O O W X
W E G Y Z Y R X W N E C K B D N D Z J L
W L O I H L C U D I C V L K E G Y P G H
G P P M W P I E S H E A V E N C S B Z J
E Z V G O I E O U T C T F I W N S E A V
C M J G G V J M G L S E K J O A M O N G
L Z C K T L B M Y V H L Z L R T Z O S O
N R U G I L V L I T T L E O D N E U D L
P H N P E A T H O L P Q U N L E S S D N
E Z J T D F H U R V E N F J R E V E N R
W Z O R E A K K H R D M Y Y J Y S D L W
```

Matthew 18:1–6

About that time the **disciples** came to **Jesus** and **asked**, "Who is **greatest** in the **Kingdom** of **Heaven**?" Jesus **called** a **little** child to him and put the child **among** them. Then he said, "I **tell** you the truth, **unless** you **turn** from your **sins** and become like little **children**, you will **never** get into the Kingdom of Heaven. So **anyone** who **becomes** as **humble** as this little child is the greatest in the Kingdom of Heaven. And anyone who welcomes a little child like this on my **behalf** is **welcoming** me. But if you **cause** one of these little **ones** who **trusts** in me to **fall** into sin, it would be **better** for you to have a **large millstone tied around** your **neck** and be **drowned** in the **depths** of the **sea**." (NLT)

Solution on page 169

Seven Loaves

```
N F O R R P W X P V K L A E E J M I M I
G F W C S O B T I L Z S S C T K Z U T D
K F E Y M Y Y B E S L L A M S F L W K R
F B R E A D I S C I P L E S P U V X K N
W U N H D I B V E O P H N U N C B S L K
L Q L S U R B R S D V W S M H C T T R K
B E B E O E L B Y I Q F J I B R H H T Q
B S H K F C T A R P G B L O F O U R I O
J K E S A T I S F I E D A W U W Q W U A
X N G Y I I U R V S R T U S Z D Y C P P
G A V E Z N E E I E G P A G K S U S E J
C H E U L G N D N R S N N L S E V A O L
W T T K I L E O E A D I I Y O J T O O K
D X X O L S U A D Y D P T V W S S S T N
I Y N A Z G T F H N G A V O A H E O N S
N Y S D H T E K E F U C G Y Q H V D Q T
I A U T Q T O S W D Z O Y A W A E Q C A
N A P H Y T V W J B U D R C M E N A K F
S A E W H H A N X I W V Y G F S R G R V
J G R J H L V C Q J L X Q W Y B M X O A
```

Matthew 15:33–39

And the **disciples** said to him, "Where are we to get **enough bread** in such a **desolate place** to **feed** so **great** a crowd?" And **Jesus** said to them, "How many **loaves** do you have?" They said, "**Seven**, and a few **small fish**." And **directing** the crowd to **sit** down on the **ground**, he **took** the seven loaves and the fish, and **having given thanks** he broke them and **gave** them to the disciples, and the disciples gave them to the **crowds**. And they all ate and were **satisfied**. And they took up seven **baskets full** of the **broken pieces left** over. Those who ate were **four thousand** men, **besides women** and **children**. And after **sending away** the crowds, he got into the **boat** and went to the **region** of **Magadan**. (ESV)

Solution on page 169

```
Z D N P V D A I E Y S P H T S N D O Z C
T Z D W H C Z J T S E A X H B A K N W K
X Z C T E A C H E S T N Y G H U I F E D
B X Y P Q R R T E L L O I W G F T E T
C Z U I B W M I W N O X Z M N V I V H D
O M H B J K R L S D O G Y O R G I E G S
N H U E X H T P M E T Y I H S E R Q I D
L B O C F W L H C K E T K E C E T W V R
E K X E S K A Y C C P S L R F H A S E O
U P B H F I O P N I W P E O S J R H A W
C A N W I A J O R W I P R D C E T J O M
J R G M E N S C T C Y E J I G I E T L U
L N A H K R S R S X T C T A E S P U D P
J G X S E R D I H Z A H R N U E F A R T
E W I P E U D T Q R G D I S N W A E A S
X E A P L A U E E U E L G N A T N E E U
Y H U H N R C S O S S W Y L K D D N H C
X S W V T S T R T H O U N Q E E T A L K
M X P O V M B A V N H L T R U E S J N E
H C O U F B H C K L W G H T W M O T N U
```

Matthew 22:15–22

Then went the **Pharisees**, and **took** counsel how they **might entangle** him in his **talk**. And they **sent** out **unto** him their **disciples** with the **Herodians**, **saying**, **Master**, we **know** that **thou art true**, and **teachest** the way of **God** in **truth**, **neither carest** thou for any man: for thou **regardest** not the **person** of **men**. **Tell** us **therefore**, What **thinkest** thou? Is it **lawful** to **give** tribute unto **Caesar**, or not? But **Jesus perceived** their **wickedness**, and said, Why **tempt** ye me, ye **hypocrites**? **Shew** me the tribute **money**. And they **brought** unto him a **penny**. And he **saith** unto them, **Whose** is this **image** and **superscription**? They say unto him, Caesar's. Then saith he unto them, **Render** therefore unto Caesar the things which are Caesar's; and unto God the things that are God's. When they had **heard** these **words**, they marvelled, and left him, and went their way. (KJV)

Solution on page 170

Perfume

```
H J M R V T U Q G Z K Y M B G A W N A J
H S U X Y X U S E V A Q X P T V Y U T U
P M I D L K H L I D S Z L A I R U B B Q
R E C L I N I N G U E Y W A S T E E Q L
J U H U P H N A M O W H M N D Y R A Q H
A B Q Y W M D H T E Q X C T N T K U V G
N Y X R F L I N O X A L W A Y S G T T I
D L E P S O G E R M O V H B E T H I E H
D F F V T X N V V Y E T I L B R X F A O
S I X W P B A I H I E R Q E O L P U V X
G V S N O J N G X B S W A U D P K L U W
I R U C B O T H E R I N G P Y R Y Y O R
S V S H I C F W Q R W H E R E V E R O D
E A E Y V P D E R U O P N P H R L O C S
O E J E R G L E M U F R E P X D P M Z O
N O M I S E R E T S A B A L A E G E E L
U T C W P A T M S H H N W O N K N M L D
J E Y E N O M V L F I I E W A S J O A O
M L R S L M A D H Y Z N S A W A R E D R
O L Y D G F F I O P R Z G R R J H I F P
```

Matthew 26:6–13

While **Jesus** was in **Bethany** in the **home** of a man **known** as **Simon** the **Leper**, a **woman** came to him with an **alabaster** **jar** of very **expensive** **perfume**, which she **poured** on his **head** as he was **reclining** at the **table**. When the **disciples** **saw** this, they were **indignant**. "Why this **waste**?" they **asked**. "This perfume could have been **sold** at a **high** **price** and the **money** **given** to the **poor**." **Aware** of this, Jesus said to them, "Why are you **bothering** this woman? She has **done** a **beautiful** **thing** to me. The poor you will **always** have with you, but you will not always have me. When she poured this perfume on my **body**, she did it to **prepare** me for **burial**. I **tell** you the **truth**, **wherever** this **gospel** is **preached** **throughout** the **world**, what she has done will also be **told**, in **memory** of her." (NIV)

Solution on page 170

```
D P T E K T P D X H G S I G M X D F J P
H T P G V J O A D B L K U P R O B Z S B
V Y V C V S J X K Y L G O S G E T S D J
A H T J O G Q Y P Y A D N N E V A E H J
Y X B R A D P F Y L K C I U Q J L T L E
R W H O K S K L I E A O D B S B F B U L
N P C T U E E L E R G C U P M D E G I Y
N E M O W G E S Y A S C E E H K D N M L
C C U W N E N W J A Z T R T A R R I N Q
F E P A Y W N R M P L T A U O W O N K M
D V X R A S U E I P K B Q L C D L T S M
R P A D D W N A L E B H L A L I W H T M
M M N R L E T K F A T E H C O S F G O F
C F A L M O D O S R D Y V V T C L I N B
U U V A E F H N A A A G U L H I M L E Y
G F C W H I T E E N N I A X I P T M W D
H E R C L O X K B C H Y D M N L B O H E
B A W V M A R Z U E S N Z L G E N M L A
I R R B F G M N R I S E N H S S E F I D
Q P L I Q M Y X Z Q I F D X A L T X L O
```

Matthew 28:1–7

Now after the **Sabbath**, **toward** the **dawn** of the **first** day of the **week**, **Mary Magdalene** and the other Mary went to see the **tomb**. And **behold**, there was a **great earthquake**, for an **angel** of the **Lord descended** from **heaven** and came and **rolled** back the **stone** and sat on it. His **appearance** was like **lightning**, and his **clothing white** as **snow**. And for **fear** of him the **guards trembled** and **became** like **dead** men. But the angel said to the **women**, "Do not be **afraid**, for I **know** that you **seek Jesus** who was **crucified**. He is not here, for he has **risen**, as he said. Come, see the **place** where he **lay**. Then go **quickly** and **tell** his **disciples** that he has risen from the dead, and behold, he is **going** before you to **Galilee**; there you will see him. See, I have **told** you." (ESV)

Solution on page 170

CHAPTER 8: Mark

John the Baptist

```
S Z K E E P Q T U G Z R Y F R N U B G T
P D W H E C N A T N E P E R I A H S F D
K C O L A U K D E I I J F G W G X V D D
F O R G I V E N E S S T H E I R D R R E
S U T L O C U S T S N V N W H O S E V C
M N H O Z J H Y G E I T E D W N N K C C
Y T Y J C T T G G F G C R N I L X O V Y
Z R E Y V W J O H N H O Q S H R U O Y W
K Y A O J W P Q I O L M U Y B K D L O S
U S Y B G S O Z Z C A E F T Q V O I C E
T I K E X E I M C Z F S K G W H Z M I S
M D C X S T S R N Y T S M A P V H T G E
J E B A P R E P A R E A E F M O N N W L
S E S A Y T W X E N R G R D N U O R A M
I X B S A B S N C Z S E I E I H I T A J
W N Z W E P A T H S H S Y N T T I D S W
C A L L I N G I I T A K S D T R E S E D
W B T R Q S G H A I E R K E L P O E P B
H Q I O K P R E A C H I N G N I W S D T
F T Z G R F L H R Q Z B M U N D W T J C
```

Mark 1:2–8

It is **written** in **Isaiah** the prophet: "I will **send** my **messenger** ahead of you, who will **prepare** **your** way"—"a **voice** of one **calling** in the **desert**, 'Prepare the way for the **Lord**, **make** straight **paths** for him.'" And so **John** came, **baptizing** in the desert **region** and **preaching** a baptism of **repentance** for the **forgiveness** of **sins**. The whole Judean **countryside** and all the **people** of Jerusalem **went** **out** to him. **Confessing** **their** sins, they were baptized by him in the Jordan River. John wore clothing **made** of camel's **hair**, with a **leather** **belt** **around** his waist, and he ate **locusts** and **wild** **honey**. And this was his **message**: "After me will **come** one more powerful than I, the **thongs** of **whose** sandals I am not **worthy** to **stoop** **down** and **untie**. I baptize you with **water**, but he will baptize you with the **Holy** **Spirit**." (NIV)

Solution on page 171

Fishers of Men

```
Q O C D S R H W J U S A I D I S Q A N V
I I Y S P K K J Z H A K T N E W T A X X
G Y K J C X M U Y R E L I P T N O D V Q
G E O J M E M R O H L T P S G O R N G N
P Q E T Z I J A I A O M N W E M I T L K
C P S V Z W A L K E D U D E R I H F V X
L Z C X I V B E L E H U F N P S W R F B
D A P J D N E T L E F T L A Q E I L M S
E D O O G X T M M M E I K S R J R P R M
L E W H W I T H O U T C R D I T R E G F
L L D N L C U U D C D C N Z J G H U E D
A A H E T Z G H G U L A E O S S J E J P
C Y F H B A M W N R N D Z I I U L B R T
V K Q K B E V E I L E B S F H I B E V P
U O K X J S Z Q K W M H A A L K P S R O
E X Y S U S E J O R E H T A F A M I E S
H Y J T U F E L G W N N G O R B S D T Z
I C P X A E L M I E E F O I R O M E F Z
G G U P R O C L A I M I N G N B N R A D
C V V P F A B R A J E G N I T S A C L F
```

Mark 1:14–20

After **John** was put in **prison**, **Jesus** **went** **into** **Galilee**, **proclaiming** the **good** **news** of God. "The **time** has **come**," he **said**. "The **kingdom** of God is **near**. **Repent** and **believe** the good news!" As Jesus **walked** **beside** the **Sea** of Galilee, he saw **Simon** and his **brother** **Andrew** **casting** a net into the **lake**, for they were fishermen. "Come, follow me," Jesus said, "and I will **make** you **fishers** of **men**." At **once** they **left** **their** **nets** and **followed** him. When he had **gone** a **little** **farther**, he saw **James** son of **Zebedee** and his brother John in a **boat**, **preparing** their nets. **Without** **delay** he **called** them, and they left their **father** Zebedee in the boat with the **hired** men and followed him. (NIV)

Solution on page 171

New Wine

```
S S F X L X U Y Q K K L S L C E W B S R
H N B W U R G U J O A M E S R O W P Y I
V G Q Q D P U U H G Z O L Q B C U C J Q
E N J C Q M E S Z T M E P R F T H V E W
V O K C U O S B D S A C I B S R Z A D F
J V R S A N T T E G D D C U D H I I A Y
U N U C N E S E Y L E P S D Q C A N T D
C Z M Z J R S H O G G E I R K T D H T A
O S Y G U I H N R Y J N D E U A N A F O
L O C B R Q R O T U G E O C C P K R R S
G E B A T B O X S C N W M L E E O S R C
O N H R N M A N E X I K P O N M Y W L V
L P I J I N I L D N D U P T C A P E W W
W T O T X K O M J M D L W H D C F S I H
P U N P S C D T F R E S H G M B N G U P
V T J E Z A E S Z Y W H I L E S I K U F
A N N U M A F B A O G W X C D G W Z V U
D I A S R R O W M U P E I Q X G L G J U
W Y F S L P A C B R P K T X O S G C X E
C X P R L V D G C I U B N W K T V V C Y
```

Mark 2:18–22

Now John's **disciples** and the **Pharisees** were **fasting**. And **people came** and **said** to him, "Why do John's disciples and the disciples of the Pharisees fast, but **your** disciples do not fast?" And **Jesus** said to them, "Can the **wedding guests** fast **while** the **bridegroom** is with them? As **long** as they have the bridegroom with them, they **cannot** fast. The **days** will **come** when the bridegroom is **taken away from** them, and then they will fast in that day. No **one sews** a **piece** of **unshrunk cloth** on an **old garment**. If he does, the **patch tears** away from it, the **new** from the old, and a **worse** tear is **made**. And no one **puts** new wine **into** old **wineskins**. If he does, the wine will **burst** the skins— and the wine is **destroyed**, and so are the skins. But new wine is for **fresh** wineskins." (ESV)

Solution on page 171

The Parable of the Sower

```
K J M R S E X N X T S D E E S P D D T E
D T U B G L O W I T H E R E D N U O R G
F Z S I F J M J M H L I O S X F R U O S
Z L I O N G B X Q X H Y R E G A E O C G
B Z O P C I P D M Y Z H I T M C W L H B
J L A J H D K W K H Q Q T E Y O O A L T
J V I M H L E G L E S I A A L F S L Y X
F B W U O A Y M V Z T M D C P D O U E X
Q V O H Z N L L A Z N G M H R W I L N P
E M M R E O G S E C N I S I O C N N D B
N G Z S P R A N G T N P G N O L A L G Y
S P O X E I E R I T A R M G T R O C K Y
Q R R H D Z E P O S S I X T Y F O L D F
W V T C L W T A G Y A E D C D U N E E Y
D O U U I D E R U O V E D E T O H S C Y
U M X M W N O A D L W S R N M C Q H U U
O V M K X W I B E N E D S C R M O M D Q
K T Y V I I S L P Y N A M O N K I I O R
D X L N D K S E T U T N C J E I D R R D
L D G L R S X S H Z F S S D R I B N P S
```

Mark 4:2–8

And he was **teaching** them **many** things in **parables**, and in his teaching he **said** to them: "Listen! A **sower** **went** **out** to sow. And as he sowed, **some** seed **fell** **along** the **path**, and the **birds** **came** and **devoured** it. **Other** seed fell on **rocky** **ground**, **where** it **did** not have **much** **soil**, and **imme-diately** it **sprang** up, **since** it had no **depth** of soil. And when the **sun** **rose**, it was **scorched**, and since it had no **root**, it **withered** **away**. Other seed fell **among** **thorns**, and the thorns **grew** up and **choked** it, and it yielded no grain. And other **seeds** fell **into** **good** soil and **produced** grain, **grow-ing** up and **increasing** and **yielding** **thirtyfold** and **sixtyfold** and a **hundredfold**." (ESV)

Solution on page 171

Hometown

```
H Y H S A V M M B F F A M A N Y G V J S
B S Y U S I S T E R S T F R A D L S H G
G P R C G W S I C K S D E W O L L O F A
Q H M H E A L E D M S L A H G W M U K C
I F T N G E U G O G A N Y S P E P E O U
I Y T T B L X D B T Y R A P T O H G K C
F T T N F A S C I U I D V O W O R K S G
H A U Q E I Q V E J N J W E F O Q P I U
M B E O W D E I N P G N S S L F R V A Z
L N K S H S I M O N T U Y W D E E O D C
D M O G Q T U O E B A T H F H N D N F A
R Y N S P Y I S R C B A L T O G A T S M
A Z P G B U A W E S T E O J A H K H L E
S O U A D K T B H J G R G P C B H L S N
P H H P G B S Q W O B P Q A O O B E S O
R V V H R D M T T H E S E G N O M A F O
D W A I D O U O F T F T S O N A D R S H
G H S Z C G R R A Z P O R B J U O R A H
J Q I L O V G F E X R H M I J M N C I R
Y W I C Z I R H B Y B F W E D A E G D W
```

Mark 6:1–6

He **went away from** there and **came** to his **hometown**, and his disciples **followed** him. And on the **Sabbath** he **began** to **teach** in the **synagogue**, and **many** who heard him were astonished, **saying**, "**Where** did this man get **these** things? **What** is the **wisdom given** to him? How are **such mighty works done** by his **hands**? Is not this the carpenter, the **son** of Mary and **brother** of **James** and Joses and **Judas** and **Simon**? And are not his **sisters** here with us?" And they took **offense** at him. And **Jesus said** to them, "A **prophet** is not **without honor**, **except** in his hometown and **among** his **relatives** and in his own household." And he **could** do no mighty work there, except that he **laid** his hands on a **few sick** people and **healed** them. And he **marveled because** of their **unbelief**. (ESV)

Solution on page 171

Walk on Water

```
D D E N I A R T S N O C K J B C G W B A
D L E S S M E H S E S L E D E R O F E B
V A B P R Q M S E N T Y I H T R U O F L
S R E A A F B E I G F S K Z H A J Q H T
Q J I S R R L A D N C C D E S O P P U S
J U N S T S T R A I G H T W A Y W W V D
Q F E E N N L E P W A N D D I A R F A I
J Z V D U S Q L D O B T E Y D J V V Y M
X P E O P L E E S R Y F E P A G K A G X
M A M K K S L Z A W G Y W L A T S W R Y
J N E E D B P C O N T R A R Y P V P U E
A C T S U V H U I R J T L B I X I F D A
M J C O D T L L I E L D K R O T N I M X
U N R N F D I D D E B A I E K U S O H W
O T I O C O M E T H J T N R E H T O P A
N W E Q T X K U W C A O G D E P H L S U
V P D Q A L P A Y Y L T B V H L G O O D
R E M S A I T H U A K N Y P E C I P O A
V V F T H C P Q I W R U S V W Q N H B H
A E O S H N L H P A J P X I Z M U Z W L
```

Mark 6:45–50

And **straightway** he **constrained** his **disciples** to get **into** the **ship**, and to go to the **other side** **before** **unto** Bethsaida, **while** he **sent away** the **people**. And when he had sent them away, he **departed** into a **mountain** to **pray**. And when **even** was come, the ship was in the **midst** of the sea, and he **alone** on the **land**. And he saw them **toiling** in **rowing**; for the **wind** was **contrary** unto them: and **about** the **fourth** **watch** of the **night** he **cometh** unto them, **walking** **upon** the sea, and **would** have **passed** by them. But when they saw him walking upon the sea, they **supposed** it had been a **spirit**, and **cried** out: For they all saw him, and were **troubled**. And **immediately** he **talked** with them, and **saith** unto them, Be of **good** **cheer**: it is I; be not **afraid**. (KJV)

Solution on page 171

Miracle Worker

```
D R Y M C X U K A H Z Y F F G P D R Y C
F J L F N R T B F Y T M P W V H S E L N
Z X E Y D Q W W F H T V R T W B R L A V
S S M U Y W L L P S Y L S U O L A E Z F
Q B L A G U O K R Y G S Q E Z H E A S N
S N M F E N D R O L D N A Z T T D S P O
O E R E G I O N C N S Z I A W H K E O X
W V A T A D N T L I R F H H D G W D K K
D E H G I S E S A A R P R E T U R N E D
M L U Q T U U G I L H N H O X O T N T Y
H I S B S V N R M P X S S S M R O Y T A
M G V E Y I M P E D I M E N T B U T R K
A L U Y K L L E D N E K F H Z G C F P E
U L D O P B E O O S A B G F I H H H Z R
S X O N R L E T P M R B G N A T E L L O
L L H D I H S G A A M E T R I M D I A S
W E L L D A T Q G V C O G G X Y W J C F
E T A K I N G Y K E I E C N E V A E H M
C G K R O V C V O Y D R D P I V X S N Y
M J W M F B D G D E N E P O A F T E R T
```

Mark 7:31–37

Then he **returned** **from** the **region** of **Tyre** and **went** **through** Sidon to the **Sea** of **Galilee**, in the region of the **Decapolis**. And they **brought** to him a man who was **deaf** and had a speech **impediment**, and they **begged** him to lay his hand on him. And **taking** him aside from the **crowd** **privately**, he put his **fingers** **into** his **ears**, and **after** spitting **touched** his **tongue**. And **looking** up to **heaven**, he **sighed** and **said** to him, "**Ephphatha**," that is, "Be **opened**." And his ears were opened, his tongue was **released**, and he **spoke** **plainly**. And Jesus **charged** them to **tell** no one. But the more he charged them, the more **zealously** they **proclaimed** it. And they were **astonished** **beyond** **measure**, **saying**, "He has **done** **all** **things** **well**. He **even** **makes** the deaf hear and the mute speak." (ESV)

Solution on page 172

The Transfiguration

```
R B E H X S C P A K O O T X C Z W J N J
K Q D S E A P A C D D K X H D L G I O R
I Y B Z A F C D M J I U B Y R C E H Z R
K Y O R J W H T N A I D A R T E N T S A
F Q P L F T H E M S E L V E S U E B N B
H K Y P R T B V F R G A R S H C A E L B
T Z P A F J J T U Z N R R E T F A F C I
J L E G Y L A G E C I O V D G O D O L G
Q N T P M L I Q C F K S E W L N U R Q N
P K F F K F N E I L O V X I Z L O E L Q
J Y S I S Z I E N N O E S I D Y M L W A
W C N N R H D I D L L T D P S A I D S K
H G A P P E A R E D E N H S C N I E B P
A R M R G T D B B N U A E E Y A K Q L G
T D X A N Y O N E O J S B O S A U W Y M
Y S D U U D O U R I O E E Y M U D U W V
X P O B V Z G A L M R M T U O A S M M V
P M O H Z Z T E V E P A L I P E T E R R
F J S W S A L Y H F Y J E V H I G H J K
J B V J G Q Q I V E Q Z R K S W T W G C
```

Mark 9:2–8

And **after** **six** **days** **Jesus** **took** with him **Peter** and **James** and **John**, and led them up a **high** **mountain** by **themselves**. And he was **transfigured** **before** them, and his **clothes** **became** **radiant**, intensely **white**, as no one on **earth** **could** **bleach** them. And there **appeared** to them **Elijah** with **Moses**, and they were **talking** with Jesus. And Peter **said** to Jesus, "**Rabbi**, it is **good** that we are **here**. Let us **make** **three** **tents**, one for you and one for Moses and one for Elijah." For he **did** not know **what** to say, for they were **terrified**. And a cloud overshadowed them, and a **voice** came **out** of the cloud, "This is my **beloved** **Son**; **listen** to him." And **suddenly**, **looking** **around**, they no **longer** saw **anyone** with them but Jesus **only**. (ESV)

Solution on page 172

Cleansing the Temple

```
X L T H I U V Z N V U D B H M V N P Y O
U C A H Q C W Z R E Y A R P S A Y I N G
L P M C L C A N Y O N E T O N X S X N Y
Y T Y T G L P L H X B E L P M E T I R S
N Z U H L Y A W L Y Y B Z W L B H R N E
T D G O E D W H R E B F E B E C A U S E
X G W S O V E V S O D N A R A C I T Y K
N J S E F V I R W C T T S E S B X E Q I
D V J E U E Z R A J R P T P T T D S Y N
O T Q A A C I L D E H R G T O E C U T G
O X H X T T E H Q R F I F N N R Y O M K
W Q H G T H S E C U J E D R I L O H T O
P V D E U R S A B S N S U B S H R X P W
Y A N P L O K R C A Q T E J H C T M J O
S W B T I U B D U L R S Z T E B S Y M E
U H B Q G G U E V E N I N G D C E A N M
T O O C R H E E V M E N T E R E D G Q A
P Q E K C I B O C X D L U O W E F D A C
Q I K I J Y I L N J E G W X S F U N S N
Y D Y P A Q W U Y S C D L O S C E F M G
```

Mark 11:15–19

And they **came** to **Jerusalem**. And he **entered** the temple and **began** to **drive** **out** **those** who **sold** and those who **bought** in the temple, and he **overturned** the **tables** of the money-changers and the **seats** of those who sold **pigeons**. And he **would** not **allow** **anyone** to **carry** **anything** **through** the temple. And he was **teaching** them and **saying** to them, "Is it not **written**, 'My **house** **shall** be **called** a house of **prayer** for all the nations'? But you have **made** it a den of **robbers**." And the **chief** **priests** and the **scribes** **heard** it and were **seeking** a **way** to **destroy** him, for they **feared** him, **because** all the **crowd** was **astonished** at his teaching. And when **evening** came they **went** out of the **city**. (ESV)

Solution on page 172

Sleepy

```
T J B I U T N Y A S L E E P I N G P A O
V G T Z J B N R E T U R N E D M W Z A G
S W G A V R H L Q I S O S E E E S W E A
P K B G Z H P J R E Y A R P S Y I E R U
Z K H N J I T E E A P O T H I R D N X L
Q D N R C E T S S H F X G R C R N O O B
X F O S M E E U T E V I G S L C I N B S
K T I I C L B S B A M N E P O N A T N P
I D T K Z S K E W D N U O F T M G H R Q
V U A Z Q S T J T H A E G R N N A E V V
T P T V R R A H C T A W Z U I L M I Y D
C X P L A E A T F X B T C O J O Z R H W
G H M Y G N T F T S Y Q G H C O N O D H
K E E P D N N E V E D Z B D T K V M F R
N R T S Y I I L P Y A O N Z H K K J R P
O F J Z M S K L O E I S F X C F Y K Z T
W D M A M A I U L U A D A D R E N X R C
G M V K W M R I G I G N L M O B U U V C
V W N R U L T X D E W O I D E F V V U M
A M Z Y Y R Z F A W S E X V W D U T G U
```

Mark 14:37–42

Then he **returned** and **found** the **disciples** **asleep**. He **said** to **Peter**, "Simon, are you asleep? Couldn't you **watch** with me **even** **one** **hour**? **Keep** watch and pray, so that you will not **give** in to **temptation**. For the **spirit** is **willing**, but the **body** is weak." Then **Jesus** **left** them **again** and prayed the **same** **prayer** as **before**. When he returned to them again, he found them **sleeping**, for they couldn't keep **their** **eyes** **open**. And they didn't **know** **what** to say. When he returned to them the **third** **time**, he said, "Go **ahead** and sleep. Have **your** **rest**. But no—the time has **come**. The **Son** of **Man** is betrayed **into** the **hands** of **sinners**. Up, let's be **going**. **Look**, my **betrayer** is here!" (NLT)

Solution on page 172

The Most Important Commandment

```
S Y E Q U A L L Y R H Y P R E P L I E D
D Z F R B C N G O P D T K W E Q B W J N
L J R S D E A S K D O H G O G T F C E W
A D D G X E Q R W H E U S N I D A L E B
Q F O A N H K E Z E M N R K E O O E S R
X T Q T I I L H Z I R D O D K R P S R V
J G I J H Q Y C M G Y E J D D X T E L G
V V Z D E K S A O T Z R D N N N A S I H
V A K B A S J E S Z F S H I E L H L S A
K T T U R K U T T X P T N M I L T E T H
K S M L T J O S Z O U A D Z G E Y J E Z
Q M Q I E S D L K R H N E X H W F N N S
T K Y D D N U E T Q A D D E B A T E I O
U B Z S O F N M W M O I M P O R T A N T
L Q L C Y V K H M D G N S J R V M A G H
Y R E L I G I O U S W G F R T C Y V O E
C S N A X C C E V G A B O B A H S P D R
Y O U R H N A Y H K L I G D A E E V O L
X K Q Z F O X H V K P U D S O U L R F L
P Y I T U D L U L E Q I X B N I F P E R
```

Mark 12:28–33

One of the **teachers** of **religious** **law** was standing **there** **listening** to the **debate**. He **realized** that **Jesus** had **answered** **well**, so he **asked**, "Of all the **commandments**, **which** is the **most** **important**?" Jesus **replied**, "The most important commandment is this: 'Listen, O **Israel**! The **Lord** our **God** is the one and **only** Lord. And you **must** **love** the Lord **your** God with all your **heart**, all your **soul**, all your **mind**, and all your **strength**.' The **second** is **equally** important: 'Love your **neighbor** as yourself.' No **other** commandment is **greater** than these." The teacher of religious law replied, "Well **said**, Teacher. You have **spoken** the **truth** by **saying** that there is only one God and no other. And I **know** it is important to love him with all my heart and all my **understanding** and all my strength, and to love my neighbor as **myself**." (NLT)

Solution on page 172

The Crucifixion

```
Z Y D N Q L J E T L V P X Y B K B J Z N
L F V S O O V T N E P G X C T G J Y W Q
N W O D D E F F Y M P M U Y A G I B H I
O N V A R A I L E D Q M Z O F V O K O N
P G E Y R D E N E P E Y G G H B I F U P
U X R S H M D H U S R R F N E T T I R W
J D J N P G N Q T I M I U I I Y W C R H
R A N W A G G I N G E I E T C K Y Q S O
R P B U P M V E M O C B H S P U C A E V
F W S T M A L Z H I I E Y A T I R O D Z
Y N S G W B S U R L M T P C B S R C M P
W I T H R E E S D S L X A S S O R C B R
V T R A N S G R E S S O R S U W W T S R
H F U L F I L L E D W E V G U T Q C E A
C D L J H X V C N D H R S M N C H T B Y
W O X E K E B A M T A B T O R I C H I Y
T T K W S V H N O L O F O R E O Y A R T
G A O S Q Y Q N S M E W L F D G T A C W
T G J Q I S H O U L D I Q T A V E K S B
Z D X M W H A T E M P L E N O E V I V G
```

Mark 15:24–31

And when they had crucified him, they parted his garments, **casting lots upon** them, **what every man should take**. And it was the third **hour**, and they crucified him. And the superscription of his **accusation** was **written over**, THE KING OF THE **JEWS**. And with him they **crucify two** thieves; the **one** on his right **hand**, and the other on his **left**. And the **scripture** was **fulfilled**, which saith, And he was **numbered** with the **transgressors**. And they that **passed** by **railed** on him, **wagging** their **heads**, and **saying**, Ah, **thou** that destroyest the **temple**, and buildest it in **three days**, Save **thyself**, and **come down from** the **cross**. Likewise **also** the **chief priests mocking** said among **themselves** with the **scribes**, He saved **others**; **himself** he **cannot** save. (KJV)

Solution on page 172

Final Instructions

```
M Q E K S S G P E Y I T U H G K N I R D
F M Z I I F N B U X H C L N U M B E D T
H Y U Z K L L A A E I O I R B R V T V R
S P P D A C C O M P A N Y T W E T S I L
Q I I R T U I S Y E I D D X O O L S K T
H A G A B D E S H L N E X H N R E I L O
S B P W O L C J C W H M W G S N O M E D
M B O R V A D E H I D N U N S N Y D O F
K T I E S T R E Q B B E L I E V E S G N
P O S T R E A F A M S D K C K V Q W O T
T Q O F H R Z P S D I L H U O K E M S K
T M N A T K T N Z E L A M J B A R L P F
H W N P S I G N S D R Y L N V E E W E B
O D S P Z R R V F D G P R C G P R J L W
S C R E A T I O N I K K E G O S K F E T
E V D A H G D E R S Z T C N U R D V E S
G R L R V E S U A C E B O I T R P T O X
T R T E Z S W V L C F Z V T P S V R R E
B Y U D N M E L B A T C E S N A H F L A
W W O R L D M O S R V U R D U I V U S Z
```

Mark 16:14–18

Afterward he **appeared** to the **eleven themselves** as they were **reclining** at **table**, and he **rebuked** them for their **unbelief** and **hardness** of **heart**, **because** they had not believed **those** who saw him after he had **risen**. And he **said** to them, "Go **into all** the **world** and **proclaim** the **gospel** to the whole **creation**. **Whoever believes** and is **baptized** will be **saved**, but whoever does not believe will be **condemned**. And these **signs** will **accompany** those who believe: in my **name** they will **cast out demons**; they will **speak** in **new tongues**; they will **pick** up **serpents** with their **hands**; and if they **drink** any **deadly poison**, it will not **hurt** them; they will **lay** their hands on the **sick**, and they will **recover**." (ESV)

Solution on page 173

Shepherds

```
A W I W M X Q N K L A M G J D O Z S Y P
H O A D U W O W N N A N C D B N U C B U
K W A O R D H V G N I P E E K D I V A D
E Y R W H O M E G Y E S P R D Z D F B P
O C D U S U L E A E A S R E B W L P D X
H A N M D L R S U E E C N Z A B O S S G
T S U H R V S E L S Y L F E A R H W D E
T Z Q E C A E P O U Y O H Z B I E A R B
I B V Y C H I H T L B T C F M N B D E W
A O I R W D T G W W R H X D E G N D H T
H U L L O X I A M A R S L S R U U L P M
P Z Z D U S T N E F I E L D O T N I E H
Q C S Q J C F O Q R I N A R I S H N H B
X O D O H S V D R N G L A T V E S G S O
O H X H V G Y X P E O P L E A H B A I R
J V E Q B L T P L G G U Y E S G X D M N
G Z T H F B A H O Y M I R H D I N O A E
G R L L O Z K O E S I J O Y I H J O H W
G D A B O H L L Y R A N L N A U O G M S
J R J N V U Y R T F E B G T S B W C Z A
```

Luke 2:8–14

And in the **same** **region** **there** were **shepherds** out in the **field**, **keeping** **watch** **over** their flock by **night**. And an **angel** of the **Lord** **appeared** to them, and the **glory** of the Lord **shone** **around** them, and they were **filled** with **fear**. And the angel **said** to them, "Fear not, for **behold**, I **bring** you **good** **news** of **great** **joy** that will be for **all** the **people**. For unto you is **born** this day in the city of **David** a **Savior**, who is Christ the Lord. And this will be a sign for you: you will **find** a **baby** wrapped in **swaddling** **cloths** and **lying** in a **manger**." And **suddenly** there was with the angel a **multitude** of the heavenly host praising God and **saying**, "Glory to God in the **highest**, and on **earth** **peace** **among** **those** with **whom** he is **pleased**!" (ESV)

Solution on page 173

In My Father's House

```
M G M D P V R J T I O P L A J A K P I J
U I A G K C H I O S A M A Z E D S Z T V
S B U H Z E C V X O U L U R P U N D G P
T G G J S S Y A D D D L O H E B O V R D
H Q N U K O G S M B P R J Q U N I R E I
V P O I U Q I N D E R U S A E R T H A S
H H M R H A T H I S T E M P L E S S T T
A W A L D T R E T D R D H Z V I E T B R
V S N Y I R E A V E N E L T N B U L N E
I Z P B A E H R P I A A W O O O Q I S S
J H X O S A T T A Q S C T S O M Y S A S
E I D E K T A I F Z N S H S N K E T Y K
Z X H O G E F S B I A B I E R A I E I O
S T A L W D T T I G L N J M R E A N N C
M H E P M N E N O T L C O C B S D I G Z
S K G L Z U R E J X T A H S K U K N O W
Y G K K G O D T R N C I C I Q D S G U X
Q U B P V F O Q N H N T N E W H N A B V
M C K L L T V H U G T G R G P B O N Q S
X E W U I I N T Q H R E B K O P L A N H
```

Luke 2:46–51

After **three** **days** they **found** him in the **temple**, **sitting** **among** the **teachers**, **listening** to them and **asking** them **questions**. And **all** who heard him were **amazed** at his **understanding** and his **answers**. And when his **parents** saw him, they were **astonished**. And his **mother** **said** to him, "**Son**, why have you **treated** us so? **Behold**, **your** **father** and I have been **searching** for you in **great** **distress**." And he said to them, "Why were you **looking** for me? Did you not **know** that I **must** be in my Father's **house**?" And they did not understand the **saying** that he **spoke** to them. And he **went** **down** with them and **came** to **Nazareth** and was **submissive** to them. And his mother **treasured** up all **these** **things** in her **heart**. (ESV)

Solution on page 173

```
U C N Y H S X Y Q D L M S M T Z F L K A
E Y Q U E R G K Q G O B T Y D Z X E L C
P H B R I V S B L W O L N Q P R F C V G
C J L N T W L W Z R N B E F D X M K N O
H R K Y D Y G E Q R T R M D Q E O I D H
T N W L Q Q J D Q J K E O M K S H N E M
R U Z P Y J J K W L V A M T O T W G R W
S O E B O L S B K I U D V P O O B D E W
U V Y N J G L F G W O I D N T N J O W W
K Q L B T T R A O O W R I T T E N M S J
O T O U I H D N H R E T U R N E D S N O
N C H J L O W E L S T S F F M E E U A R
G N I E B S K T V H A Y A I L N C S Q D
J R Q S I E N J U I K Y T I R O H T U A
S B O U P R C N D P L X V E M O E R O N
F N R S B X G O S A E E D M W S I N G M
H S S P I R I T M T R L A E Y N S T O F
S R U O Y Q B I G E I N D A G L O R Y Z
P A H U M K H A D W D E D N E O F U L L
F O P P O N A Z U K B M Y D R D D T A V
```

Luke 4:1–7

And **Jesus**, **full** of the **Holy Spirit**, **returned from** the **Jordan** and was **led** by the Spirit in the **wilderness** for **forty days**, **being tempted** by the **devil**. And he **ate nothing during those** days. And when they were **ended**, he was **hungry**. The devil **said** to him, "If you are the **Son** of **God**, **command** this **stone** to **become bread**." And Jesus **answered** him, "It is **written**, 'Man **shall** not live by bread alone.'" And the devil **took** him up and **showed** him all the **kingdoms** of the world in a **moment** of **time**, and said to him, "To you I will **give** all this **authority** and **their glory**, for it has been **delivered** to me, and I give it to **whom** I will. If you, then, will **worship** me, it will all be **yours**." (ESV)

Solution on page 174

Healer

```
Q Y X Y V C M R Y S M I N I S T E R E D
G S P F X P O Y E F B M M O T H E R F A
Y L E M D T X M O V B M X G S U Z P Z Y
U T K B L O H M T E E Z V Z Y B E Z A V
H H E P O L W T N D E F W J N C A D L N
C O P N V C R Y I N G N I Y A S M U J Y
F U K W Y L X A R C P S C L M Y N Q D B
U D W L H H T E A D B I P O U T T P K F
H I G V W E B H S E R Z S X O H K N A B
I Y P S L U B G S P Q S A R O S E V Z X
R R F Y K G U O V A I G D U E W L X V O
N O G I Y O U D S R D I A L F V G A D L
L K N D C G H G D T S R D P T R I P E J
C G I D H A I E N E O U Q B E F O D Y W
O N T T S N E E A D D E F A F O E M A H
P E T P Z Y W S H L S O T F E R P L T O
Z K E D W S E Q N U E W O D E V I L S N
F A S N K S M X O O S D Q T S R E W E I
K T R O O K A H G H Y I N E S C E R X Y
A J N O R K C I S S R E W Q M B U D Y Y
```

Luke 4:38–42

And he **arose out** of the **synagogue**, and **entered into** Simon's **house**. And Simon's wife's **mother** was **taken** with a **great fever**; and they **besought** him for her. And he **stood** over her, and rebuked the fever; and it **left** her: and **immediately** she arose and **ministered unto** them. Now when the sun was **setting**, all they that had any **sick** with **divers diseases** brought them unto him; and he **laid** his **hands** on **every one** of them, and **healed** them. And **devils also came** out of **many**, **crying** out, and **saying**, **Thou** art Christ the Son of **God**. And he **rebuking** them **suffered** them not to **speak**: for they **knew** that he was Christ. And when it was **day**, he **departed** and **went** into a desert **place**: and the **people** sought him, and came unto him, and **stayed** him, that he **should** not depart **from** them. (KJV)

Solution on page 174

Love Your Enemies

```
J A L W U F S T J L P U M S T W A L F K
I K K O N L Z D Z Z Q L D Q E Z G T E R
O O G X U B Y P K Z M J P S U E H O A S
I U S E C O W T W H W E M C V Q O Y E T
U F Z G H Z I U E Q R V N F B N L O K D
P M I D E F Z W H F V O S D O O G U O Z
T S Z H E B I H F S F L E X A P F R M K
U E R N K T X R J F I M M A B U S E O M
Y X E K H X C Y E Y A W A S Y U V H T P
L B N H F I S R E N N I S E K I R T S O
I D O V O E B A D S K O S L A W O I O F
O L Y J I H Z Y Q Y R K T V O T H E R S
D S R M O K S P F W O U L D L K H O Y G
S S E L B C L Y K N N W C S C V M O Q I
A N V K V Y C R O I T F H A T E B D S V
E M E T A P P S C U K E B A X D E A V E
L J K R Z T Z F A K A T J X T W M L K U
Q P P T W U K Q N R A K C C G E L L P P
P M U Y M O R O R E Y R C W G H D I U I
R N D L L H G J V S W P E W L L S I I E
```

Luke 6:27–33

But I say to you who **hear**, **Love your enemies**, do good to **those** who **hate** you, **bless** those who **curse** you, **pray** for those who **abuse** you. To one who **strikes** you on the **cheek**, **offer** the other **also**, and **from** one who **takes away** your **cloak** do not **withhold** your **tunic either**. **Give** to **everyone** who **begs** from you, and from one who takes away your **goods** do not **demand** them **back**. And as you **wish** that **others would** do to you, do so to them. "If you love those who love you, **what benefit** is that to you? For even **sinners** love those who love them. And if you do good to those who do good to you, what benefit is that to you? For even sinners do the **same**." (ESV)

Solution on page 174

Preach the Gospel

```
O Z G B Y W A T U Q A D G U Y K E H T U
X T Y Y A I N Y S P K A R E E A E B O N
T F W J D O O F D U S T R Z E V L E W T
N Q C I Y A T S J Z S A M E L Z C X N I
P W L N I W H E R E V E R S P O W E R L
H O O G H H I A R R N G J V O T E E F F
K H T E L L N M G P O O N C E A L M C Z
F S H D S V G O Y A J Z Y I P Y K O S L
O N E D E N O D N A B A E R K G H C Z I
W O S G S P H G E W E H E C E L K L U A
P M U T A T Z N A T E A D U E V A E L M
H E O K E L U I K A C I U I E R E W C F
D D H C S S L K L H O U X T M B R K I O
Q K X I I B T I I Y T I R O H T U A A R
M R X S D E N N V T O G E T H E R D I T
E R B W H G G D Q G A F S E S U F E R S
X V M E S A I U M V Z O Z A A N H L Q E
F W K N I N K F E M T V G A P T I L M Q
P L T D L U K E T G X O T T U O B A Y O
I T J C P Y Q K H R C W O L S T I C K V
```

Luke 9:1–6

One **day** **Jesus** **called** **together** his **twelve** disciples and **gave** them **power** and **authority** to cast out all **demons** and to heal all **diseases**. Then he sent them out to **tell** **everyone** **about** the **Kingdom** of God and to heal the **sick**. "**Take** **nothing** for your journey," he **instructed** them. "Don't take a **walking** **stick**, a traveler's **bag**, **food**, money, or even a change of **clothes**. **Wherever** you go, **stay** in the **same** **house** **until** you **leave** **town**. And if a town **refuses** to **welcome** you, **shake** its **dust** from your **feet** as you leave to **show** that you have **abandoned** those **people** to **their** fate." So they **began** their **circuit** of the **villages**, **preaching** the Good **News** and **healing** the sick. (NLT)

Solution on page 174

```
R A Y Q J M F G U R L S K A O H N E T Z
O O K O D M O V E N K E D L N Q B A T D
H L S D H O H R B R K C X A T H E S E I
X W K V D S X C R R S P I N Q D A S N Y
V O O R C X W A H O G F L F E C J A V N
E F Q H M T T K L R W P P D L K E R S W
Z S S U T K D O I E L G D D N A Y G H L
D Q P G E N M P I N W A F I F B N R I Q
T U S E I O D B B L G M R T R I E L R L
A B S M N W C O N S I D E R H A I V P U
H M M P L E A S U R E R O T A E T Y I Y
W N E A O T S F Q B R O F M S Y H H O G
I O H C I H W R E H T A F M U L E U E G
C N R S A P D G C R I F E H H I R D P R
X C U L E Y Z U K T L I U N I T A F I O
O L L F D T M X H O C E C L O T H E H W
V D O J I X H U C T E L Y R O L G P C F
V I J E Q V S K J N G D E E N E K X I N
E B M H A Y Z C I U P H A X G F S E G V
F W N W F F R Z L M S S A Y Y V A R Q U
```

Luke 12:27–32

Consider the **lilies** how they **grow**: they **toil** not, they **spin** not; and yet I **say unto** you, that **Solomon** in all his **glory** was not **arrayed** like **one** of **these**. If then God so **clothe** the **grass**, **which** is to **day** in the **field**, and to **morrow** is **cast** into the **oven**; how **much** more will he clothe you, O ye of **little faith**? And **seek** not ye **what** ye **shall eat**, or what ye shall **drink**, **neither** be ye of **doubtful mind**. For all these **things** do the nations of the **world** seek **after**: and **your Father knoweth** that ye have **need** of these things. But **rather** seek ye the **kingdom** of God; and all these things shall be **added** unto you. Fear not, little **flock**; for it is your Father's **good pleasure** to **give** you the kingdom. (KJV)

Solution on page 174

The Narrow Door

```
L G S G W F U V D Q I O W L V N L K D G
T W J E I X I S P P L J I O H G M Z B N
Q U N T M O Y H Q D P T Y P C T E B W I
A J P Y Q M T H J W L G J E O A T L Y H
M B C R G B H R K M A K N D M A N Y B S
R T J C Z S B O O E C T Q Z T F V S Y A
U I Z T E O H O N T E B J E R E H T B N
K A S H K N M D C R G S Z F M Z A R T G
J N W A N T W T E A C G H O P U A I S S
N N O O A V T H E P J M C R G H N V J G
X K I T R C A E S E O G O H A S E E F W
V K C L D R Z E E D J P T M W Q P R O H
H V W B G T A C G T H R O U G H O U S E
G W Z O B Y B N W E H W C C A M T G R R
N R D D N I I E T O T Q R E T S A M E E
B V O A H K V S R F R U G N I P E E W O
K E M L N I G E B K T K H D T B J M S J
H F U L Y O U R S E L V E S T A N D N L
H M A R N Q T P L Q N X A R G N I Y A S
D F P O J Z E L K D F C R I S E N J A S
```

Luke 13:24–28

"**Strive** to **enter** **through** the **narrow** **door**. For **many**, I **tell** you, will **seek** to enter and will not be **able**. When **once** the **master** of the **house** has **risen** and **shut** the door, and you **begin** to **stand** **outside** and to knock at the door, **saying**, 'Lord, **open** to us,' then he will **answer** you, 'I do not **know** **where** you **come** **from**.' Then you will begin to say, 'We **ate** and **drank** in your **presence**, and you **taught** in our streets.' But he will say, 'I tell you, I do not know where you come from. **Depart** from me, **all** you **work-ers** of evil!' In that **place** **there** will be **weeping** and **gnashing** of **teeth**, when you see **Abraham** and **Isaac** and **Jacob** and all the **prophets** in the **kingdom** of **God** but you **yourselves** **cast** out." (ESV)

Solution on page 174

Be Humble

```
V K M V B K D Z W R E P Y W K A T N R F
P W P O H R H H S Z K W Q P W T Y P R J
A S D N G L S G I Z J N S Q L Y G K V O
X Y V M P Z Y K G S P H B E M A H S Q Z
J Q W L R D M B T B Q O V T H M C L D M
N Q B V N C T V A L H O I Q A X T E I V
I P U J D O S W H V M S B L A B Z N S F
G X D N O H T V S O C C C F P X L O T L
E N R R E T W U X H H A T S A E F E I E
B M I U F O R C E U O I Q N R H I M N S
A M E D H L G M D M S N W F A O K O G M
D R Q M D D H P B B E O O A B B Y S U I
B H K D W E E B J L D J R R L R O Y I H
K S V F E C W P R E S E N C E L B T S K
F I V E B I Q R T S I X O V N D X T H T
I U G L Z T U I U T A M E X A L T S E D
K E C B M O V P O M E Y M T H O S E D T
O G B C Y N Q M N S C J I P D I C W S A
G W F H I L F N S L J S R N Z M L O S K
J C P V G N B A A Q K N D X G T H L P E
```

Luke 14:7–11

Now he **told** a **parable** to **those** who were **invited**, when he **noticed** how they **chose** the **places** of honor, **saying** to them, "When you are invited by **someone** to a **wedding feast**, do not **sit down** in a place of honor, **lest** someone more **distinguished** than you be invited by him, and he who invited you **both** will come and say to you, 'Give **your** place to this person,' and then you will **begin** with **shame** to **take** the **lowest** place. But when you are invited, go and sit in the lowest place, so that when your **host comes** he **may** say to you, 'Friend, **move** up higher.' Then you will be **honored** in the **presence** of **all** who sit at **table** with you. For **everyone** who **exalts himself** will be humbled, and he who **humbles** himself will be exalted." (ESV)

Solution on page 175

The Prodigal Son

```
M N A Q R J N I A B E I R H Q A L O S T
C D J P A D A H N Y R G N A K W Z E Q Q
C M N K J Q E F B X M N P M Q L T G U H
C X D T A Z P Y I D V I V Q T U G S A R
E P F K J B Y I E D X V G D T P N D N E
L O Z W V U D N F B A A O I R R W N D I
W C C X X X E J A M O L T P B O W E E K
A Z U O J T G V S C D S G K L P R I R Y
A C Y G T Q R P E E O B I R S E I R E B
N S Y A W L A S R R L M R D W R A F D Q
Q V F E B O U T P D Y E E S Z T E D A D
V B N H N A H V U K F T N S V Y B D E O
U T D S C E B Q R U L A H E F A E M R D
E W B E S Y V R S C A R V I R E U A E O
G V B E L I O E O Z C B X E N O S L R J
A D A P V E D U R T B E P V D G L D B S
X J C G H O L L R L H L L I N I A G A I
T S K O G D U H D S I E T L K E A N D V
H D M A J F A T H E R C R A D T V S B L
C E Y T W P T Q D M R Q A K L L I O C Y
```

Luke 15:27–32

'Your **brother** has come,' he **replied**, 'and your **father** has **killed** the **fattened calf because** he has him **back safe** and sound.' "The **older** brother became **angry** and **refused** to go in. So his father **went out** and **pleaded** with him. But he **answered** his father, 'Look! All **these years** I've been **slaving** for you and **never disobeyed** your **orders**. Yet you never **gave** me even a young **goat** so I **could celebrate** with my **friends**. But when this **son** of **yours** who has **squandered** your **property** with **prostitutes comes home**, you kill the fattened calf for him!'" 'My son,' the father **said**, 'you are **always** with me, and **everything** I have is yours. But we had to celebrate and be **glad**, because this brother of yours was **dead** and is **alive again**; he was **lost** and is found.'" (NIV)

Solution on page 175

```
T A Z D S A A R D U P Z B E Y C J E O G
M O A U K T D M L P V I N E H W Q P N T
Z T M U T X H T U L W N V N K B R O K E
J A B I C O U C S V F A Y O P W M O V N
J T K P M O N K I N G D O M K A F T E R
G S P P R B T H O H Z T U M P A D I A S
F L W W F Y I D Z X W J R O O N E O K R
L A B I C R L I K E W I S E W B R O T M
G Z X D C O U U Y F M T E Q R R U F H F
T F X O D C M I L M L Y L B E F O R E X
T Q U O U D A E T E E T V M V H P O N P
F K R L P J E M S R N U E M O Z D M C X
A O D B F D X L E A T M S U S U F F E R
N W E G I I Q C N P B A R E S D B Z V G
H E R V N P L E R R O E K K A Q Y Q I U
K N I R D I V L A H D L N E P T I V R E
C D S X N O Y N E Q Y A R T E V E J S W
Y O E E C W C A K D H B V L S N Z N B I
I G D I W E S R S T A B L E N F T Z W A
O I M D H Z D Z B I D O B I Y D G S Z I
```

Luke 22:14–20

And when the **hour** **came**, he **reclined** at **table**, and the **apostles** with him. And he **said** to them, "I have **earnestly** **desired** to eat this **Passover** with you **before** I **suffer**. For I **tell** you I will not eat it **until** it is **fulfilled** in the **kingdom** of **God**." And he **took** a **cup**, and when he had **given** **thanks** he said, "**Take** this, and **divide** it **among** **yourselves**. For I tell you that **from** now on I will not **drink** of the **fruit** of the **vine** until the kingdom of God **comes**." And he took **bread**, and when he had given thanks, he **broke** it and **gave** it to them, **saying**, "This is my **body**, **which** is given for you. Do this in **remembrance** of me." And **likewise** the cup **after** they had **eaten**, saying, "This cup that is **poured** **out** for you is the **new** **covenant** in my **blood**." (ESV)

Solution on page 175

The Mount of Olives

```
E Y R H X Z Z V T B Y H D K O T N U T X
I Y Q S E L Z J L B H Q J Q S T A S R R
G W K D T F K O N H T E X O S N P E M Q
X N Q Z S P K B W H N V N D E U P A R Z
Q R S W E U L T O O R O S V L O E U M G
K Y E N L C Y U D G K M A C E M A O C E
F A V Y F F D T H I N E I T H E R E E H
T O I W A B O U T S H R D W T F E Z G F
Y H L Q I R L S D Q W O B E R A D N S T
E Y O L I T P E D U P S M U E U I N T O
S C E M O C H G K V Y P A U V N S W Y B
I A A P E W L D Z L T O H N E S C I V T
R U Y L T S E N R A E R T H N O I L N C
L S T V P L E D T A E D T S W S P L K H
O M E S D G R I F F W G G F A L L I N G
J P D D N U O R G O N N O F C A E N E B
U G L I U N S I R E I T N O W A S G E V
G S Y F O T E R R E S I R X B E S Q L O
Q A C F F G O T B U D H X E D E N T E R
S D H G Y S S H J T I O S J V L N T D A
```

Luke 22:39–46

And he came out, and **went**, as he was **wont**, to the **mount** of **Olives**; and his **disciples** **also** **followed** him. And when he was at the **place**, he **said** **unto** them, Pray that ye **enter** not **into** **temptation**. And he was **withdrawn** **from** them **about** a stone's **cast**, and **kneeled** **down**, and prayed, **Saying**, Father, if **thou** be **willing**, **remove** this **cup** from me: **nevertheless** not my will, but **thine**, be **done**. And **there** **appeared** an angel unto him from **heaven**, **strengthening** him. And **being** in an agony he prayed more **earnestly**: and his **sweat** was as it were **great** **drops** of blood **falling** down to the **ground**. And when he **rose** up from **prayer**, and was **come** to his disciples, he **found** them sleeping for **sorrow**, And said unto them, Why sleep ye? **rise** and pray, **lest** ye enter into temptation. (KJV)

Solution on page 175

Pilate

```
N T N E Q Z Z N D Q V M B A R A B B A S
F E W D H G V Z Y V O I C E S N K G X A
O I V G B W J P K B O M Q Y V W W H H L
F I R V W M Z I U I C U D M I W S K R T
P U S O T Z A J R S E R S S O K Y E A E
I T O V V R Q S W S I D H N L T A H A N
I J N I I C E R T H J E E L H S W T V H
V O I R F Q C E T L D R G G O O C A G R
T H F O U N D E M A N D I N G E V E Q W
A E K F S D E T T I M M O C L O U D E R
G P S E F E F I T Y F I C U R C L Y I M
K Y U S S R N G P T T U M O Z A Q F Q E
D D P U H R R T R C D D S O S R R S J C
S O S A D O I E E E E E M I R C O N L P
A E D C W Y U R V N T S U R F F I A Q C
J T P E K A R T A O C A I G M O X J R H
Y P M B L U N U I J Y E L P R I S O N R
H I B K S O V T L N H L D I Y A W F V L
T D E N R U T H E T G E W Y P D R Q A M
M O I K F P F A D D Q R O C J Y B G D T
```

Luke 23:18–25

Then a **mighty** **roar** **rose** **from** the **crowd**, and with **one** voice they shouted, "Kill him, and release **Barabbas** to us!" **Pilate** **argued** with them, **because** he **wanted** to release **Jesus**. But they **kept** **shouting**, "**Crucify** him! Crucify him!" For the **third** **time** he demanded, "Why? **What** **crime** has he **committed**? I have **found** no **reason** to sentence him to **death**. So I will have him **flogged**, and then I will release him." But the **mob** shouted **louder** and louder, **demanding** that Jesus be crucified, and **their** **voices** **prevailed**. So Pilate **sentenced** Jesus to **die** as they demanded. As they had **requested**, he **released** Barabbas, the man in **prison** for **insurrection** and **murder**. But he **turned** Jesus **over** to them to do as they **wished**. (NLT)

Solution on page 175

He Has Risen

```
F P P O N K O O W T S U M B H F O S Z L
X R E K A K U P M N N U E O X R T Z A Q
B E N O G J L V P Z A D S W N O X U U F
K P T U F W P G I D I M I E O M D N I D
X A E M L W Y R N W A O Q D J R M Y O M
T R R S W L I F T I S R W E S N X T M R
Y E E S R S A H S T V N O S W A H S Q P
A D D A E U C E O U R I Z I A E I C Q Q
P O E N J K C O P W V N L A I N N D U U
Y D R I U A K J Y T H G I R F I N T G P
F E E Y F O C A M A X A Z U B C E O Q V
P L B L O I R L O R D L L Z J Y L P N U
X L M L I B C G O A K I V E D Y R E V O
R O E T P V N U X T G L R O X F M I T F
A R M Z C O E R R U H E B K N O N N K H
L B E L M H R R D C H E E U W H I L E C
C A R A H Y L N E D D U S X A Z C O E Y
F K X Y S J U R X D R P I N M V L Y W U
X S N E D O W N I X I S D X U J K B R K
C X S Z F D H M N U I S E Q P V Y X O S
```

Luke 24:1–8

On the first **day** of the **week**, **very** **early** in the **morning**, the **women** **took** the spices they had **pre-pared** and **went** to the tomb. They **found** the stone **rolled** away **from** the tomb, but when they **entered**, they **did** not find the **body** of the **Lord** **Jesus**. **While** they were wondering about this, **suddenly** **two** men in **clothes** that gleamed like lightning **stood** **beside** them. In **their** **fright** the women **bowed** **down** with their **faces** to the **ground**, but the men **said** to them, "Why do you **look** for the **living** **among** the dead? He is not **here**; he has **risen**! Remember how he told you, while he was still with you in **Galilee**: 'The Son of **Man** **must** be **delivered** **into** the **hands** of **sinful** men, be **crucified** and on the third day be **raised** again.'" Then they **remembered** his words. (NIV)

Solution on page 175

The Word Became Flesh

```
L X L W Z G X O O Y N Y G H E H V M B H
A D Q U I Y P I W S R D R I M D C E N H
Y I G F W A V M H O A W W Y W O C O Q I
X K A U R H F T L L H T B E F O R E K Q
A P U A W A H G U O H T L B M Q M F B S
J O P B N G T C M R D L M E M U K H U N
M Z Z A I U R Y O D I T S C L L R T O M
A T X R D R L U R N D G N A M U H Y K R
F J W H V L G H G C C K D U H C W B Q T
V M L K A H R L B H D E S S A P R U S S
W M T O N S B O I O C Z R E C E I V E D
Y B G A A E M L W I R I O N L Y E E E E
F J O H M I D H S N U N F L I C N S N W
A D Y A E R I I N G W G V A A N C C E X
X X C G E C O W G N H O J R T E G F R L
T S L N H N D C E Q S C G U N H S E L F
J H K O X D E V E I L E B T Z T E U A I
N O C M A D E A F T E R Y A D U F R B I
J V G A V E V F V S A Y I N G R Z Z U W
J P Z S K M Z D I Z B V T O U T O A G F
```

John 1:10–15

He was in the **world**, and **though** the world was **made through** him, the world **did** not **recognize** him. He **came** to that **which** was his **own**, but his own did not receive him. Yet to **all** who **received** him, to those who **believed** in his **name**, he **gave** the **right** to **become children** of God—children **born** not of **natural descent**, **nor** of **human decision** or a husband's will, but born of God. The Word became **flesh** and made his **dwelling among** us. We have **seen** his **glory**, the glory of the One and **Only**, who came **from** the **Father**, **full** of **grace** and **truth**. **John** testifies **concerning** him. He **cries out**, **saying**, "This was he of **whom** I said, 'He who **comes after** me has **surpassed** me **because** he was **before** me.'" (NIV)

Solution on page 176

Water to Wine

```
H U W F P N L V A E H L A H V R M C I K
A O M T P E K D N M F H Y L E O A H M V
T C L S S E J I Y C P S E T O L C T M T
S V A D E R W A O Q E I A R L A A L T H
Y K R N I T I S R U F W G E E K L W U V
U A I M A N I F E S T E D I E H E N F U
W B U L R S G R D N D J O J X N T M S I
K L F X P X P U R I F I C A T I O N O G
U B A W U G L O R Y S W P Y L A G T F S
G F P U H T G B I B E C O M E I G Z S R
M Q Y M R E D A E Q X S I N S O Y D D U
K W H Z M O R F L N Y H E P K U L E H T
P X F U X K O E T L Z T D R L X V L N S
X C J P P O O R E N O Y R E V E H L B F
V B R P P H P O E L Y N K I I A S I R D
N M J P X Q M Q T K I L S L H U N F E R
B Y K D Y N R C X N L L E E S T F T T U
M G Z R W D I Y D A J B A E M W S V S N
I P M V U Q A E I B F F J G R A J T A K
J S U D D S O F G R E T Y S T F C S M U
```

John 2:6–11

Now **there** were six **stone water jars** there for the **Jewish rites** of **purification**, **each hold-ing twenty** or **thirty gallons**. **Jesus said** to the **servants**, "Fill the jars with water." And they **filled** them up to the brim. And he said to them, "Now **draw some out** and **take** it to the **mas-ter** of the feast." So they **took** it. When the master of the feast **tasted** the water now **become wine**, and did not **know where** it **came from**, the master of the feast **called** the **bridegroom** and said to him, "**Everyone** serves the good wine **first**, and when people have **drunk freely**, then the **poor** wine. But you have **kept** the good wine **until** now." This, the first of his **signs**, Jesus did at **Cana** in **Galilee**, and **manifested** his **glory**. And his **disciples believed** in him. (ESV)

Solution on page 176

For God So Loved the World

```
Q O N M J A U S G L I M F L Q R U C W S
F Z K L C M B Q E V I L I V E S O X B Q
C Q N G B D N E S D U B K D T H E I R M
Z G I Y Z U A R V E E L L A H S D T C E
J D O M L S O W E E M E Q E L I F E A J
E X E P E T Q L H V G O D T H R O U G H
S H V T B M N H L A E T C S P U E F D K
N H H C F E A R Y S T O O N F T D A S L
Z O U C N E L N U D N W H I F E R Q D K
D Y C P V I K I V D M F L W V K X U G Y
H W L A N R E T E V E R Y O N E F A T E
Y J G T L B D M R V P C L E S M P P N H
J X O Q S I N Q D O E L S U T E N O D I
D Q B U D E G O I T K S A T R M S C P G
P V W I D A X H C P O C T I A O O N C U
R O I G X E H P T M E N S M N N D E M E
E N T D Q S Q A O B I H Z G A L D E H J
E C S S D M K X S S U Q I Q R Y Y S T L
M I F O L D H C A J E K R O W J J V Z W
P U Z P B I J N M D D D W K H M Q T U Z
```

John 3:16–21

"For **God** so **loved** the **world** that he **gave** his one and **only Son**, that **whoever believes** in him **shall** not **perish** but have **eternal life**. For God **did** not **send** his Son **into** the world to condemn the world, but to **save** the world **through** him. Whoever believes in him is not **condemned**, but whoever does not believe **stands** condemned **already because** he has not believed in the **name** of God's one and only Son. This is the **verdict**: **Light** has come into the world, but **men** loved **darkness instead** of light because **their deeds** were **evil**. **Everyone** who does evil **hates** the light, and will not come into the light for **fear** that his deeds will be **exposed**. But whoever **lives** by the **truth comes** into the light, so that it **may** be **seen plainly** that **what** he has **done** has been done through God." (NIV)

Solution on page 176

Food

```
K Y K H V S I C M N F R U I T J A S Q Y
Y D P A H A U Q B C B K R O W Q V V K W
Z U R B D S Z S Z C B L G G I S C E W C
C U D R O E I N E N T E R E D C K D Z T
I K E O F L W L V J T I A S Y P L I L L
N R O U A P S H P H H T S A W O Y A G H
B K J G N I H T E M O S E Y C E U S A V
U G K H Y C T R A G O T M I A L R R M F
J M L T O S N E G A T C O N N M V E W W
B H E H N I O J J N N X C G U E A H H J
K L G E E D M O L R I O G A S N B T Z W
L U Y I U R G I N G S V T T W E N O O T
M Y Q R N V F C C O E Y I H T T L R Y D
L X X U U T X E W T Y K I E E X A A A H
O E Z L O O K S I K E L R R C R B B R Y
I T L I M S F H D W E N E I I E O B P D
Z W P E E B W N O K A A S N R U R I K P
B Y Y Q T N X P O L N G T G T R E I A Z
B G F G B U T E F N D O E N D T D Z F D
K I N O I Q B J T N E S W S C B E V H H
```

John 4:31–38

Meanwhile the **disciples** were **urging** him, **saying**, "**Rabbi**, **eat**." But he **said** to them, "I have **food** to eat that you do not **know about**." So the disciples said to one **another**, "Has **anyone brought** him **something** to eat?" **Jesus** said to them, "My food is to do the will of him who **sent** me and to **accomplish** his **work**. Do you not say, 'There are yet **four months**, then **comes** the **harvest**'? **Look**, I **tell** you, **lift** up **your eyes**, and see that the fields are **white** for harvest. Already the one who reaps is **receiving wages** and **gathering fruit** for **eternal** life, so that sower and reaper **may rejoice together**. For **here** the saying **holds true**, 'One **sows** and another reaps.' I sent you to reap that for which you did not labor. **Others** have **labored**, and you have **entered into their** labor." (ESV)

Solution on page 176

The Bread of Life

```
Z L Z Z M F B Y E N S K E H Q L J G N B
L M O R E N M V C E N E B J U S A O B H
X N W A U D O X G S R X V X A T T S A C
G N C Q L C B B L O T I M E Y H J T T F
Y P P V B J J H V L Z Y V K I X X U U I
H Z P R Y S P R G N L E B N R L O O K S
P J G C I Q D M M I R A G Y A D E C D R
G K D N H V E Y V Y V P H N I W N B E C
P K U F B H N S O R N E R S S Y E V D X
Q G D K E R I N F E A E S E E J E S U S
S I G K R L E I B V T E F M G N S F H A
X X M D L F O A E E M A N O S N U O K H
I P T K I Q H N D O T H I R S T U H X Q
P H G L A A Q Z C H H F D F G L O H R J
C Y Z F J Z S S E W E O A X D Z I F L B
Q V D J N X U R G G O D P C O O X Q Z Z
L W G M E P O H I E X V P Q W R T E A U
W F G H V A H L Z I W T A T N E S G D H
C L W Y Y V C Z W Z I Y M U A D B E K W
R Y B N B C F Z I Y E B G H I J Y V B Y
```

John 6:35–40

Jesus **said** to them, "I am the **bread** of **life**; **whoever** **comes** to me **shall** not **hunger**, and whoever **believes** in me shall **never** **thirst**. But I said to you that you have **seen** me and yet do not believe. All that the **Father** **gives** me will come to me, and whoever comes to me I will never **cast** **out**. For I have come **down** **from** **heaven**, not to do my own will but the will of him who **sent** me. And this is the will of him who sent me, that I **should** **lose** **nothing** of all that he has given me, but **raise** it up on the **last** **day**. For this is the will of my Father, that **everyone** who **looks** on the **Son** and believes in him should have **eternal** life, and I will raise him up on the last day." (ESV)

Solution on page 176

Light of the World

```
O H A C D H A S H K L A W T C S P X S O
S P M T Y S J N A T U C A O A O P Z T B
F W N M C W B M P T T M M U N C M R X N
U N W L E Z Y D R O C E R D K K A A A X
P M F H C U S M M Y K R L F J F I M Q H
Y V O O N Y R J M A D O F L T F J W E N
O I M V E J N T P R A F E E R G Y X A L
T H Q R H A E S B V R E R S O N F T R V
D L R O W U T N I Z K R Q Y O O T N U Z
Z F C B T H T A L O N E C M L L A H S
J B T Z G O I G Q Q E H I L F X Y T H X
G X F H N C R T K Z S T O D D V E O G J
N Q Y N G E W H H Z S W U E I R B E U M
G Q A Y H I D F S E E S I R A H P D O R
F C D T U W L N T T R B J E S Q G G H U
L D A F L E S Y H T X T B W Z M O N T O
E F I L S I J F W E X S S S E N T I W S
I Z A H Z W V O D C C C E N L F O Y V L
N W O B M F D B G I R N T A S N I A G A
E F A N T X X C N L T S W J E S U S E E
```

John 8:12–18

Then **spake Jesus again unto** them, **saying**, I am the **light** of the **world**: he that **followeth** me **shall** not **walk** in **darkness**, but shall have the light of **life**. The **Pharisees therefore said** unto him, Thou bearest **record** of **thyself**; thy record is not **true**. Jesus **answered** and said unto them, **Though** I bear record of **myself**, yet my record is true: for I **know whence** I **came**, and **whither** I go; but ye **cannot tell** whence I **come**, and whither I go. Ye judge **after** the **flesh**; I judge no **man**. And yet if I judge, my **judgment** is true: for I am not **alone**, but I and the **Father** that **sent** me. It is **also written** in **your law**, that the **testimony** of **two** men is true. I am one that bear **witness** of myself, and the Father that sent me **beareth** witness of me. (KJV)

Solution on page 176

The Good Shepherd

```
N I O D A E S N F R I T O Z D N S W N Z
K K R C D T J J U I K U T X A N M R C F
P F X D J C G I P G K K H S Y A L B C T
R S Y F V V K A M V N U E E U J O G Y J
R I I I P P I D B H H I R E D J A N U O
C A Q U S B X K V U D X M T G U I H L P
D U O C U F F S O T N E W O S K R B E W
S V V X O B R I N G A D N C C O D R G F
O D T S B Q H T F A H K A O A Q E A E X
G C L B B B N L P A T R F N T H F D G T
U V I H V L P I C L E C D R T H D O O G
M N W X M P D F L S D E H N E L I W L P
W X P L K W L E Y O B J Y E R H Y N J D
X F E U U E M D R E H P E H S O T R G S
C G N P E A V X C R O T F E U U Y A M Q
T H S U C J P B O D S F V X L Z A Z F Q
S P Y W I Y H D Z U E A V I F W I C K S
P B O O O L F D M N E T S I L U V G E D
R G S U V N N A I L L Y K I O F J E H B
I E X B U E K C O L F T D J W J S A C M
```

John 10:10–16

I **came** that they **may** have **life** and have it **abundantly**. I am the **good** **shepherd**. The good shepherd **lays** **down** his life for the sheep. He who is a **hired** **hand** and not a shepherd, who does not own the sheep, **sees** the **wolf** **coming** and **leaves** the sheep and **flees**, and the wolf **snatches** them and **scatters** them. He flees **because** he is a hired hand and **cares** **nothing** for the sheep. I am the good shepherd. I know my own and my own know me, **just** as the **Father** **knows** me and I know the Father; and I lay down my life for the sheep. And I have **other** sheep that are not of this **fold**. I **must** **bring** them **also**, and they will **listen** to my **voice**. So **there** will be **one** **flock**, one shepherd. (ESV)

Solution on page 177

Lazarus

```
K S S F F L L G Q S G Q D U B Y J T B X
B J Z H W J X C N X F I N X N B F R S I
A D D M E D A P I I W G F B X M O H S L
E T L S B L X C N K D C T Q Q B Q J V B
F O U R N O P M E D B N Q U F F B J L J
H S O L D T U O T E E F A Z Y T E N S M
C F W G S L S G E P L T G T C R N H Y Z
S N F W Z L L N T P I O S L S C O M E X
K U Z X H P A E Q A E C U E W U T L U M
E K H S C U H V T R V R H D T Z S M G Q
J Q P P H E T A T W E T D E K O O L M G
L X M E I Z R E S P O N D E D M R E D S
M L U H P E A H Y L M T N E S V R P T Q
S V E N C Z M Z C K V R A B C E E L P P
Q Y L M N K H E A D C L O T H A N K I A
S A I D S D V J M D W U S L E S F E A F
X X U D E A C X S A N P I D L V S R J S
D G N I R A E H Y D H S I S T E R Y N L
F A L G M L D S A L H S B J H O D P A K
H S B E V L N K D N A D V T K L E I C G
```

John 11:39–44

"Roll the **stone aside**," **Jesus told** them. But **Martha**, the **dead** man's **sister**, **protested**, "Lord, he has been dead for **four days**. The **smell** will be terrible." Jesus **responded**, "Didn't I **tell** you that you **would** see God's **glory** if you **believe**?" So they **rolled** the stone aside. Then Jesus **looked** up to **heaven** and **said**, "Father, **thank** you for **hearing** me. You **always** hear me, but I said it out **loud** for the **sake** of all **these people standing here**, so that they will believe you **sent** me." Then Jesus **shouted**, "Lazarus, **come** out!" And the dead man **came** out, his **hands** and **feet bound** in **grave-clothes**, his **face wrapped** in a **headcloth**. Jesus told them, "Unwrap him and let him go!" (NLT)

Solution on page 177

Washing Feet

```
D N Z C F I M D C E I H A G Q H U R B P
J I E Z J E Q N D O E D S J A R N D A X
K H O A H A E A R I O O B U E E V N X L
D M E C T Q W T A C U A Y T S V E R F U
R N H U A Y P S W E T P E C X E V Z V O
V Z D N G M L R R H Q P Q V D N J O M M
Q I P I T D E E E M V C U C W V S G E B
U Y R E V E W D T W L L Y Y G A G F O F
M K P U E P O N F E F V B N L R S Z I I
P O E O L P T U A N L A N S E N A H V Y
N F Y I U A I N R K Q P O W S F O P J Q
B Y D B L R S W O D P L M A J V O O K O
T E Q U E W E G U R O M I O G M H R R X
W H T Z E G F D N R G D S N C P Y R C C
W C H R D K A V D I G T S E T C L X U S
C H E B A S I N W G O F S S K O D A Z W
J D A R U Y P S M B Q D C E H W U K R H
C G D T A N I Y N U N D A I I R L N U H
B Q E Y H H R E T A W J P A Z K P E P M
J X B J O Z S W H B E W Y G G P C I O W
```

John 13:5–11

Then he **poured** **water** **into** a **basin** and **began** to **wash** the disciples' **feet** and to **wipe** them with the **towel** that was **wrapped** **around** him. He **came** to **Simon Peter**, who **said** to him, "**Lord**, do you wash my feet?" **Jesus** **answered** him, "**What** I am **doing** you do not **understand** now, but **after-ward** you will understand." Peter said to him, "You shall **never** wash my feet." Jesus answered him, "If I do not wash you, you have no **share** with me." Simon Peter said to him, "Lord, not my feet **only** but **also** my **hands** and my **head**!" Jesus said to him, "The one who has **bathed** does not **need** to wash, **except** for his feet, but is **completely** **clean**. And you are clean, but not **every** one of you." For he **knew** who was to **betray** him; that was why he said, "Not all of you are clean." (ESV)

Solution on page 177

Fruit of the Vine

```
G R Y Y P I G Q I Z X U V W U Y A V P O
B J E D I H A D A N Y O N E X M E E N U
D C U N L V T C E D E R E V E S K C Z W
X D Q V E G H B A I S I G N Y W K N P H
T S Z L D D E E J M F G S N B Z W M L B
B O Q C A G R A P E V I N E B O U S U J
Z D O E W L E A J Z G I R I H C T W F I
O D M W A U D M G I C A U U H C S N T R
Q Y I R Y E U S E L E S S B P T N T I T
L Y I T C P H T S M T F B S U K O A U Q
A P U P K E M A P R O D U C E B R N R C
Y G D Y W V B U R N E D N I A M E R F B
M I N E T P X L J F M H Y G O E S A X P
J V Y I D R I C A N N O T R D U O C R A
K E G F F U A T F Q F H F I C R H X B B
E N V I U N H P J F R A M H W T T G G F
K Z L E Z E Q X A O J J E Y E J M X Y G
D S G Q R S T R W J X G V Z P T M O D X
U F F J Z Y U N L E S S Z D Q J X A K G
F O J P K S U Y H O C W D A X Y K O J J
```

John 15:1–6

I am the **true** **grapevine**, and my **Father** is the **gardener**. He **cuts** **off** **every** branch of **mine** that doesn't **produce** fruit, and he **prunes** the **branches** that do **bear** fruit so they will produce even more. You have **already** been pruned and **purified** by the **message** I have **given** you. **Remain** in me, and I will remain in you. For a branch **cannot** produce fruit if it is **severed** **from** the vine, and you cannot be **fruitful** **unless** you remain in me. Yes, I am the vine; you are the branches. **Those** who remain in me, and I in them, will produce **much** fruit. For **apart** from me you can do **nothing**. **Anyone** who does not remain in me is **thrown** **away** like a **useless** branch and **withers**. **Such** branches are **gathered** **into** a **pile** to be **burned**. (NLT)

Solution on page 177

```
H H H D Y F V V J K W R D Q F K K N I Q
Q F G E E Y M X H O V T L P U G P Z B O
M K X F A F Y T P M V E R I L Y I A J U
A W J N I E A S D W G E O A L B J C W T
P F P H R H M T E W F N W P V C F O H K
K R I A A S O U H E P E L L B A G Y S O
C W G T Z X R I B E Y Q R E C E I V E Z
E W B I B V F E U P R E J O I C E L O L
X L Q N V D M Y M B V E W M R C G T U X
Y S I T D E L I V E R E D T O A U F W A
T C E O M Q Z I O R M R T A T R W H T D
K U C S T R M S H G Y B U N N O X H U H
S U W J U N T A L C X A E E R G E R E P
Y A Y O S A O T Y H E M D R Q R U A V G
E W Y A H M C O T N A M O W E O R I N C
F J G W A E J E S L U S U F H T O I S N
Z P R S L Z K I B B B N O T R E H T I H
A I K W L A L B O A T R O T F T L A K Y
C T Q S T I X M G O E O E M O C G M P A
J O K Y P V R T Q H V B G N G A S K E D
```

John 16:20–24

Verily, verily, I **say** **unto** you, That ye **shall** **weep** and **lament**, but the **world** shall **rejoice**: and ye shall be **sorrowful**, but **your** sorrow shall be **turned** **into** **joy**. A **woman** when she is in **travail** **hath** sorrow, **because** her **hour** is **come**: but as **soon** as she is **delivered** of the **child**, she **remembereth** no more the **anguish**, for joy that a man is **born** into the world. And ye now **therefore** have sorrow: but I will **see** you **again**, and your **heart** shall rejoice, and your joy no man **taketh** **from** you. And in that **day** ye shall ask me **nothing**. Verily, verily, I say unto you, **Whatsoever** ye shall ask the **Father** in my **name**, he will **give** it you. **Hitherto** have ye **asked** nothing in my name: ask, and ye shall **receive**, that your joy **may** be **full**. (KJV)

Solution on page 177

Betrayed

```
H M C I H O G H Z G U U C Q S T T H G S
M J V H N G N I W O N K C A B U A V D X
Z L H K E I N X N E C I I Y O W U E R B
A S G A D P R I D N A D V C R T E N D Q
U I P Z P E V O D T A P K A G A I N A Z
D D W T G P N S J N H Z O S H J A D K W
M R O A C B E T E M A U A N A B F N T R
D R O H L H T N S S O T N R S I P Z N B
B C D G C S F E E J O H S P E U X J Z N
I S S R N V O W H U I M W D R T S A O I
J L O O A H B E T R A Y E D R I H E N L
Z T V G B W Y E N P H A R I S E E S J T
I E I O T E R X J C A M E S E F W S O Q
Y M C C F P R O C U R E D C E Q Y F T G
Q D K A Q L L E F Q D E L I K Z F M R S
Z O R O A O P O E C K A H P P I E O K S
Y J C X L R T C C S N C S L C T U R U Q
D S W U B E N O A L A N T E R N S F X V
D E V H O W O U L D F P R S D F N X S O
O Z R U K Y R W P D G S O L D I E R S O
```

John 18:2–8

Now **Judas**, who **betrayed** him, **also knew** the **place**, for **Jesus often met** there with his **disciples**. So Judas, **having procured** a **band** of **soldiers** and **some officers from** the **chief priests** and the **Pharisees**, **went** there with **lanterns** and **torches** and **weapons**. Then Jesus, **knowing** all that **would happen** to him, **came forward** and **said** to them, "**Whom** do you **seek**?" They **answered** him, "Jesus of **Nazareth**." Jesus said to them, "I am he." Judas, who betrayed him, was **standing** with them. When Jesus said to them, "I am he," they **drew back** and **fell** to the **ground**. So he **asked** them **again**, "Whom do you seek?" And they said, "Jesus of Nazareth." Jesus answered, "I **told** you that I am he. So, if you seek me, let **these** men go." (ESV)

Solution on page 177

It Is Finished

```
L U G X A A T M K F S F F I N I S H E D
I G P E D X W A H O R U Y H M R S X U H
P K N O W I N G J F L U J A V R E T F A
F L H D N E C D R F D E V I E C E R J R
H R U N G C A A I T L W Z T N L J Y E A
F I Q O N A L L V N T E S I P Y M N S P
E J C M D O L E S U V I R I K G O K U Q
E N W Z B E S N G A S F C O R A U O S N
I K R O D S H E L N H S L K F V T O S A
Q X U J E N T S C R I P T U R E H T O M
I U G L V C D M I D C D O O T S R K R O
J G U H O V A M L L O U N E O A O E C W
L D R E M G E O T O P Q N A L W T G H X
H Z I C Q T H I N G S M K U T C N O Y T
I Z E Y O E T O V D E V O L T S U S S H
E N Y M B W I W S X W D V C Y R A M S I
F H O L O B A N E T H G I M C Z O F O R
I H V T W H S N G A V I N E G A R S P S
W B K J E Z Y V K U Y X F X C O G X E T
B R K V D S D M V V L G V B M M J K D F
```

John 19:25–30

Now there **stood** by the **cross** of **Jesus** his **mother**, and his mother's **sister**, **Mary** the **wife** of **Cleophas**, and Mary **Magdalene**. When Jesus **therefore** saw his mother, and the **disciple** **standing** by, **whom** he **loved**, he **saith** **unto** his mother, **Woman**, **behold** thy **son**! Then saith he to the disciple, Behold thy mother! And **from** that **hour** that disciple **took** her unto his **own** **home**. **After** this, Jesus **knowing** that **all** **things** were now **accomplished**, that the **scripture** **might** be **fulfilled**, saith, I **thirst**. Now there was **set** a **vessel** full of **vinegar**: and they filled a spunge with vinegar, and put it **upon** **hyssop**, and put it to his **mouth**. When Jesus therefore had **received** the vinegar, he said, It is **finished**: and he **bowed** his **head**, and **gave** up the **ghost**. (KJV)

Solution on page 178

Doubting Thomas

```
Y Y Z R E B T B X L M P B B Z W B F D Y
F F L H S E L P I C S I D O U B T I N G
Y J F Z U L S T O P D S M D C T Y N B D
R Q P R A I N C E Y T R L T H O U G H Q
Q E T E C E Z A D K I O O I T G Z E Z I
L A Q H E V C H I X T P Z L A T E R O W
L P M T B E Q U S B E S K U S N M L H B
S S R O O D W P B U T C E T F J V E V I
Z P R B R E I D H J E X A U S V R M F O
H L C Z O S O A O U V B I O H E K A P V
O H S B G S S G S H B I N N S S W C Z L
A L Q V R E A C H N E E S J T U B W Q Z
B H R F A L M Y P K L Q K D I O S E G N
W S W R M B O Q D E W U R O P H T E E V
U G H B G U H C S V N I A G A O N K J O
H S F O R T T R K L J G M N N K T V C W
C P T T D B P C E E H E D O I D F F P T
R M W U U F U S F W D S W M I T G C O G
M T Q X W V S E I T D N F A Q S J P R P
G K J R A K N W R J Q D R B S J E F A U
```

John 20:24–29

Now **Thomas**, **one** of the **Twelve**, was not with the **disciples** when **Jesus came**. So the **other** disciples **told** him, "We have **seen** the **Lord**!" But he **said** to them, "**Unless** I see the nail **marks** in his **hands** and put my **finger where** the **nails** were, and put my hand **into** his **side**, I will not believe it." A **week later** his disciples were in the **house again**, and Thomas was with them. **Though** the **doors** were **locked**, Jesus came and stood **among** them and said, "**Peace** be with you!" Then he said to Thomas, "Put **your** finger here; see my hands. **Reach out** your hand and put it into my side. **Stop doubting** and believe." Thomas said to him, "My Lord and my **God**!" Then Jesus told him, "**Because** you have seen me, you have **believed**; **blessed** are those who have not seen and yet have believed." (NIV)

Solution on page 178

```
X S N D C N S T Z W L M W I T H O U T L
C I K E C D A K S M F E L H S I L O O F
P S V V R W Q M B C A N I M A L S K Q A
C E S I E V I G E E C N N L P L A I N M
R X B E X C U S E L K V V A Y T U N P L
W E C C N N N R B I Y V I T T T R A C C
J L E R I S W I N T D O S R U G W R Q K
V G Z E O M U G S U L K I O S U E C J H
K N Q P H A A O M F D B B M C E L D C Q
G N X S T G F E I U A L M P A Q L O E
I J W H L A N R E T E A E I I G E D Z A
N L H O N O R T E S H I N M V A Z E F V
L X R W N H U S A S L G I H R M P G U W
T Y A N E K S N S S E N I L D O G N U T
E S U A C E B I T K G M Y R W R T A H W
T Z V W R Q Y A R N I X B E N F A H G I
S E G P D Z V G A A W O R L D U I C U S
N I P F V N Y A E H E N I V I D I X P E
W U H N R W Z A H T E R U T A N G E C K
S U O C W M P Q S V A L T H O U G H M G
```

Romans 1:18–23

For the wrath of God is revealed **from** **heaven** **against** all **ungodliness** and **unrighteousness** of **men**, who by their unrighteousness **suppress** the truth. For **what** can be **known** **about** God is **plain** to them, **because** God has **shown** it to them. For his **invisible** **attributes**, **namely**, his **eternal** **power** and **divine** **nature**, have been **clearly** **perceived**, **ever** **since** the creation of the **world**, in the things that have been made. So they are **without** **excuse**. For **although** they knew God, they did not **honor** him as God or **give** **thanks** to him, but they became **futile** in their **thinking**, and their **foolish** **hearts** were darkened. **Claiming** to be **wise**, they became fools, and **exchanged** the **glory** of the **immortal** God for **images** **resembling** mortal man and **birds** and **animals** and **creeping** things. (ESV)

Solution on page 178

Peace with God

```
P C H V Z B O A D D Z Z I S K E S G Y G
N U A B N U O V D U C O C N A L S E S W
H G L T R Q I L N D U P O J E X Y A R O
R L I H H Z G H U U U B S M W Z H D I S
X S P A H R E P B V Y K A Q F D O N W F
U C U Y L D O G N U S H O W S O L D O X
S H G O C W O U L D S P N Q G G Y H A R
C O R N E J M U G V M S P Q V I O S W J
E H M O I T U Y F H U O E V B P V D B D
V M A F X W H S L D N J R C E C A E P Y
O H T R K E O G T E Y V S I C P C A N J
L S Y H A Q L N I I C T O N L A G D D K
Q K U R E C S I K R F R N Z U R K I R B
R G T S O R T R H F U I A S A S E V E N
D S I L E L E E S W P S E C U D O R P A
N M F N L J G F R X D D E D S O X O H C
A T N Y T I B F O B T A I N E D U T O H
T I B X D O T U B R C N R T I R I P S Z
S M E C H R I S T T E U S E E A F O L V
B E P A S H Q U P F H D H D F T I F A O
```

Romans 5:1–8

Therefore, since we have been **justified** by **faith**, we have **peace** with God **through** our **Lord Jesus** **Christ**. Through him we have **also** **obtained** **access** by faith **into** this **grace** in which we **stand**, and we rejoice in **hope** of the **glory** of God. More than that, we rejoice in our **sufferings**, **knowing** that suffering **produces** endurance, and endurance produces **character**, and character produces hope, and hope does not put us to **shame**, **because** God's **love** has been **poured** into our **hearts** through the **Holy** **Spirit** who has been **given** to us. For **while** we were **still** **weak**, at the right **time** Christ **died** for the **ungodly**. For **one** will **scarcely** die for a **righteous** **person**—though **perhaps** for a **good** person one **would** **dare** **even** to die—but God **shows** his love for us in that while we were still **sinners**, Christ died for us. (ESV)

Solution on page 178

```
G H A Q A H Y H Q Q Z X W N V N G Y S L
O N C E U Q J B O G U J T Y Y R O L G R
Q Y G R E G N O L R L W E H H U D S Z R
O O N A U G K A E R B Q E S R L H U T V
Z M T Y R C L D H S L W H S U O L D S E
B J I K I E I K D L P O E F U S U O I F
L C P E X S V F E A A L N L G A B G R R
D G R I N X E O I V V I D Z C G C E H O
L T H O Z S S O D E S I A R M A E E C M
L U C L S S U D S S D I W E V I L A B N
O Q A T K L O P O W E R R V X N G Y S D
N B L Y O Q A F R Y A D N E K C S H O Z
G G E S T W A C C K T W O N K V D F T K
V Z E U L E V P S D H X N F N G V M D R
E G M E I Y R K K P P F G J Y Y M D V K
F V Y N Z C M Z J X K O M C R U M I I L
K D G J A I A P C J R C H S S Z M S X A
V A X W L E I O N E Y T Q E X W E G M Y
V J D F U R G C Z T N B E T Q K P B J A
K K Q R B K L K P M J C A K D A I U K G
```

Romans 6:6–11

We **know** that our **old sinful** selves were **crucified** with **Christ** so that sin **might lose** its **power** in our **lives**. We are no **longer slaves** to sin. For when we **died** with Christ we were set **free from** the power of sin. And since we died with Christ, we know we will **also** live with him. We are sure of this **because** Christ was **raised** from the dead, and he will **never** die **again**. **Death** no longer has any power **over** him. When he died, he died **once** to **break** the power of sin. But now that he lives, he lives for the **glory** of **God**. So you also **should consider your-selves** to be dead to the power of sin and **alive** to God **through** Christ **Jesus**. (NLT)

Solution on page 179

Spiritual Life

```
J L T J E B G K Q H U S K M R T H O S E
Q G G J K U S S E J N U M E F U W D Y N
P H X J S V I D Q G M W F L T O N N A C
I T R N M T G K M V D Y U U I I Y C S O
T H W M Y X O V R E U Q E F M G C O J U
K V H O I Z E C A E P U H N O O L N V L
R E S H F G C V H V Q I F D R D H D O D
W C E Q N V H Z I N B U E D Z U G E K S
I K L K A S W T O L G N I D N E S M H Y
J E F U C S V I T H O N D R D M K N G E
I B C X F G K R I D G X E D E I S E T U
Q Y R Z S N P I M E Y D E X L M S D E Q
O U A W O I I P B B R N S F L E E S L X
W Z C G G H V S U O E T H G I R N N I M
X B Q B M T R A S K R F A N F L E F T Z
H W A V V D G F A W L K D H L R K C S F
G Q Y S D H O E H A O E T Q U K I W O E
B K B Z G T W O P L E A S E F Q L E H I
Z S F X J C N K C D E D W B U B T A H W
X Y O I Y M R H W D C Q R H G E N X W T
```

Romans 8:3–8

For **God** has **done** **what** the **law**, **weakened** by the **flesh**, **could** not do. By **sending** his **own** **Son** in the **likeness** of **sinful** flesh and for sin, he **condemned** sin in the flesh, in **order** that the **righteous** **requirement** of the law **might** be **fulfilled** in us, who **walk** not **according** to the flesh but according to the **Spirit**. For **those** who **live** according to the flesh set **their** **minds** on the **things** of the flesh, but those who live according to the Spirit set their minds on the things of the Spirit. For to set the mind on the flesh is **death**, but to set the mind on the Spirit is **life** and **peace**. For the mind that is set on the flesh is **hostile** to God, for it does not **submit** to God's law; **indeed**, it **cannot**. Those who are in the flesh cannot **please** God. (ESV)

Solution on page 179

```
N Z R D C Z F S G A D U A W C J S Z Q C
D I A Y K Z D E F O Q I P A H N A S Z U
L L U H R L X K L E L O H W O N K B C A
D J I Z W B S Z Y H Y J U S Z T K I N S
F I S I N E H H F L M F R G X L Y L K V
C Y P R E S E N T Y R M L A H Z B C G Z
U R L N B X W N O R L C R E A T I O N E
F F E Y L F E B N T I B G N D I G S Z A
O D H B B I A D O O E B G R O A N I N G
V B I N T M K L I N M X D B P W S G N E
P S Q A H D N F T N I X V L T T V O B R
H W P M V N E S P A T T I R I P S U T L
M S A Q Y K S I M C M E T U O H P R A Y
X J G L B E S F E Z Z H R B N Q C S H Y
A F N D R E L H D B G F P C O T S E W E
Y O Y P P E A G E I T S A V E D R L V K
F J X O S H A L R S N I A P R D I V R R
N E H M N Y L D R A W N I O J W E E F Q
J J I W E E P I Y W L J W U E M A S S C
Y H S L Y I F V L I G C X F L P N V Q I
```

Romans 8:22–26

We **know** that the **whole creation** has been **groaning** as in the **pains** of **childbirth right** up to the **present time**. Not **only** so, but we **ourselves**, who have the **firstfruits** of the **Spirit**, groan **inwardly** as we **wait eagerly** for our **adoption** as **sons**, the **redemption** of our **bodies**. For in this hope we were **saved**. But hope that is **seen** is no hope at all. Who **hopes** for **what** he **already** has? But if we hope for what we do not yet have, we wait for it **patiently**. In the **same** way, the Spirit **helps** us in our **weakness**. We do not know what we **ought** to **pray** for, but the Spirit **himself intercedes** for us with groans that **words cannot express**. (NIV)

Solution on page 179

Grace

```
X I I M D Z F F E W F U S L O N I B T F
C P R H E S W A I P L G C C Q G O S T F
L Q F A N R T H I N K L U D T C I N A Q
P E L R G E D Z N T Y T I S O R E N E G
P T A S I B B H D W H Q O N H M O N P U
G E Q D S M C I I J R B T C G T O R S P
E D I B S E B G V A E R P D H Y H E Y G
D M C S A M N H I R I G U E R M K F D N
G J P L A G Q L D B T J R E D G T F O I
N O F W A Q L Y U E P P V H R M E I B D
I O D L X H N T A F A E G A N E T D S R
V H I V E A E C L Y R U C X J R Y C Q O
A S V T M S H G L K O E P S O C A M E C
H T B H C I M Y Y H E S E P E Y Q G J C
P C H S N N O I T A T R O H X E N T D A
N A K G T B U D H Q V R P Q C O E B R B
V F K P U F A F J I P O S A M E V A Q W
T R C A P O I N N E R U S A E M I Z M T
F G P Z U N X G B P A M D V W D G Y B F
N H E X I O D B E F W V G W G J Y D L U
```

Romans 12:3–8

For by the **grace** **given** to me I say to **everyone** **among** you not to **think** of **himself** more **highly** than he **ought** to think, but to think with **sober** **judgment**, each **according** to the **measure** of **faith** that **God** has **assigned**. For as in one **body** we have **many** **members**, and the members do not all have the **same** **function**, so we, **though** many, are one body in **Christ**, and **individually** members one of **another**. **Having** **gifts** that **differ** according to the grace given to us, let us **use** them: if **prophecy**, in **proportion** to our faith; if service, in our **serving**; the one who teaches, in his **teaching**; the one who exhorts, in his **exhortation**; the one who **contributes**, in **generosity**; the one who **leads**, with **zeal**; the one who does **acts** of **mercy**, with **cheerfulness**. (ESV)

Solution on page 179

Love Others

```
A S M K R Z T R R P D R O L E M H Y H L
M R E I T C S P Y R G C E W Z L L X O R
Y E F Y D R U Y H N E G J V D R P S P C
P D R T E I M R I O R J T P E F G O E A
K U O Y T M G K S G S E O H V N T L E E
E C A B D F C G E E O P T I J S B O F P
I R G R Y A S W V O N O I T C I L F F A
P Z E T L R K L I F R A D T S E E R W T
X E S C S U E A L B D E L S A L T I H I
V V K C N S F V H Z V E O U V L A G G E
A S A J R I Q H E O G P P B F E I H O N
W N B U P O S I T I O N H E L Y C T T T
I X O L L E Q E U I Q E I J N E O A Y Y
L Y V O R U D A C M A E C L W D S J E A
L A E V M E F O E D O F A I C H S S X P
I O I E K I O E S S P I R I T U A L G E
N N R U O M H A R M O N Y Z O C O T D R
G M K A N Y O N E A O Q B E O N A S U K
Z J C K V E J N P Q C I F E R V O R P N
W G X J J D I C J H E C R A U B R F P T
```

Romans 12:9–18

Love **must** be **sincere**. Hate **what** is **evil**; **cling** to what is **good**. Be **devoted** to one another in **brotherly** love. Honor one another **above** **yourselves**. **Never** be **lacking** in zeal, but **keep** your **spiritual** **fervor**, **serving** the **Lord**. Be **joyful** in **hope**, **patient** in **affliction**, **faithful** in **prayer**. Share with God's **people** who are in need. **Practice** **hospitality**. **Bless** those who **persecute** you; bless and do not **curse**. **Rejoice** with those who rejoice; **mourn** with those who mourn. Live in **harmony** with one another. Do not be proud, but be **willing** to **associate** with people of low **position**. Do not be conceited. Do not **repay** **anyone** evil for evil. Be **careful** to do what is **right** in the **eyes** of **everybody**. If it is **possible**, as far as it **depends** on you, live at **peace** with everyone. (NIV)

Solution on page 179

Do Not Pass Judgment

```
H D M W E L C O M E D L J K S Q L B Y B
H L U G A R P D Z O X J A A L B J Y Z F
G C W S K I S O G T M F V G P W D Q J Z
T L C O N V I N C E D J D N H C A E V D
T X F I Z E F A I T H E V I Z D Y B J W
X R O H L G Y E F A S D L H N A A Z O R
Q N V F H E S Q G P T E A T S A H C M K
S B E G J T T S I D F S A Y M D H J Y N
O L R Z E A N S U P B R B N U I B L I L
G X Z E D B E L I E V E S A Q E N W K W
A R M S Z L M A S T E R N E R O W D R D
F S Y Y N E G R O N F O E T R X O R V F
D T V A T S D Q K P T F O T T V S O U A
A A P D O K U Z A H W E G V T F A L L S
F N L E L A J D E I P B K K P E L N W S
O D T I R E B R W A M J R A P Y B R T U
U S N R K S H O U L D I S C M N P D S O
D Y E U I E O P R D P S Z N G T X H M R
O L A L U I N N U I V L W E M P N W L S
L I N T R Z V O U U I A G P C F B W N T
```

Romans 14:1–5

As for the one who is **weak** in **faith**, welcome him, but not to **quarrel** **over** **opinions**. One **person** **believes** he may eat **anything**, **while** the weak person **eats** **only** **vegetables**. Let not the one who eats **despise** the one who **abstains**, and let not the one who abstains **pass** **judgment** on the one who eats, for **God** has **welcomed** him. Who are you to pass judgment on the **servant** of **another**? It is **before** his **own** **master** that he **stands** or **falls**. And he will be **upheld**, for the **Lord** is able to **make** him stand. One person **esteems** one day as **better** than another, while another esteems all **days** **alike**. **Each** one **should** be **fully** **convinced** in his own **mind**. (ESV)

Solution on page 179

You Are Full of Goodness

```
E I A S G D D L O B O A S T J D B K Y W
E G O H T F A M O N G Y B P N N V P Y I
B M A Q R O U S N M O R F D E A R A E N
E M C S P W G T M Z R S P D F C E C H M
X S C J S N U H U E R R A T I R I P S P
C I E R I E J R N O O A E E W V M A D E
Y I P H Y T M O D E B O E M R Z A G L J
J O T V T L D U A L E A D E I H O N C G
S N A S L W O G R M V D S C C N A I H V
H T B A A R N H E S D W R A P C D R Y G
O E L O M I B S G M E G E N T I L E S M
S W E N W T S K G L C T H Y L L U F R H
G Z W O F E U U L A N Y T H I N G F W O
I C N C N G O M H T I B O W A O Q O E Y
H K D G K A F M H T V N R Y O N S X O F
B W E O B R I N G I N G B D J R C G X I
R R P E P G T U H E O E N R E E K Y D O
B C W T H W X D Q D C E Q V P B S E X W
S G X T M P V H S U S R E T S I S U D O
B A M Y J C L Z B S X N B B Y F U B S Q
```

Romans 15:14–18

I am **fully convinced**, my **dear brothers** and **sisters**, that you are full of **goodness**. You know **these things** so **well** you **can teach** each other **all about** them. **Even** so, I have been **bold** enough to **write** about **some** of these points, **knowing** that all you **need** is this **reminder**. For by God's grace, I am a **special messenger from** Christ **Jesus** to you **Gentiles**. I bring you the Good **News** so that I **might** present you as an **acceptable offering** to God, **made holy** by the Holy **Spirit**. So I have **reason** to be **enthusiastic** about all Christ Jesus has **done through** me in my **service** to God. Yet I **dare** not **boast** about **anything except** what Christ has done through me, **bringing** the Gentiles to God by my **message** and by the way I **worked among** them. (NLT)

Solution on page 180

Holy Kiss

```
X P P J S Q U H U F O J O U B C W T K K
K X E N X V U Q F M R C S H O R T L Y W
K F I A B L U F E S E V I E C E D X I C
T S P D X V R N E M K I N S M E N S H Y
N N S M Z L N X T D O C T R I N E R P L
X B O L K J L B Y O F C C G E H I S Z L
Y Q G Z B Y A N R C V B E C C S E U E E
E J A S O N U W J E Y R A R T N O C I B
M S B R O H D D T I T E U A I E O F J D
J Q E Z N S L E S N P H N S E L P M I S
Z F H R W U I W N K C O R U D I O V A F
X T A F O W H P W R T I U E H C I H W D
I Z L W D F E U A H A P O H N S T D C U
T Y F P A A E F E T M E Y T I P X A O Q
S C K D T W O R K F E L L O W E H L R U
M C L I V E R R E Y N R N M K E U G E T
W B K E S I U R B H W S S I K C H V D O
I A R U A S Z X Z A T F M T I H R C N J
C C A F K J U T Z O S K M U L E J E U O
T C M E F G C H P R S V S J S S Y A C S
```

Romans 16:16–21

Salute **one** **another** with an holy **kiss**. The **churches** of **Christ** salute you. Now I **beseech** you, **brethren**, **mark** them **which** **cause** **divisions** and offences **contrary** to the **doctrine** which ye have **learned**; and **avoid** them. For they that are **such** **serve** not our Lord Jesus Christ, but their **own** **belly**; and by good words and **fair** **speeches** **deceive** the hearts of the **simple**. For **your** obedience is **come** **abroad** **unto** all men. I am **glad** **therefore** on your **behalf**: but yet I **would** have you **wise** unto that which is good, and simple concerning **evil**. And the God of **peace** shall **bruise** Satan **under** your **feet** **shortly**. The grace of our Lord Jesus Christ be with you. **Amen**. **Timotheus** my **workfellow**, and **Lucius**, and **Jason**, and **Sosipater**, my **kinsmen**, salute you. (KJV)

Solution on page 180

CHAPTER 12: **The Epistles**

Nothing Without Love

```
W M G J O X O S T Y E M C A M M O N H B
M H J O T O N G U E S U X B F H Q W Z Q
F U C F N O T H I N G P B O A S T S D K
S O Y C A G Y S I O N G A U D B G U A Q
F I C P F I E A R B C E U T R N D N R D
M F Y R R W T W R O N G D O I N G E L T
V N W D Z N W H I E N R E H A E E M F L
B C B B U P L N T I M G T T L D N D J V
T L D O Z C G J A C D O S S R U A T C U
I A M W T L I G B E W R V K E R V P T I
Z N J Y V U V T L B E L I E V E S N H F
R G Y Z S F E W E D X V K H I J W X D N
T I C K E T O A N H Q Y G P L O F L D T
T N L A A N E U O F P B T J E I F S A A
U G A M K E D R W W E O D S D C R U L G
S N B G K S P U I A X Y R T I E V O L A
C M M T O E Y S R E F Y D P W S E P O H
I P Y H H R B S X E S B I O K I N D A H
I O C W K K R O N P S I P I B I V I O K
J M E H Q A W A Y P N A S R Y H Y O U D
```

1 Corinthians 13:1–7

If I **speak** in the **tongues** of **men** and of **angels**, but have not **love**, I am a **noisy gong** or a **clanging cymbal**. And if I have **prophetic powers**, and **understand all mysteries** and all **knowledge**, and if I have all **faith**, so as to **remove mountains**, but have not love, I am **nothing**. If I **give away** all I have, and if I **deliver** up my **body** to be **burned**, but have not love, I **gain** nothing. Love is **patient** and **kind**; love does not **envy** or **boast**; it is not **arrogant** or **rude**. It does not **insist** on its **own** way; it is not **irritable** or **resentful**; it does not rejoice at **wrongdoing**, but **rejoices** with the **truth**. Love **bears** all **things**, **believes** all things, **hopes** all things, **endures** all things. (ESV)

Solution on page 181

Cheerful Giving

```
G O V R M A N T N Y X S R Q G K D Q U M
K N H N R E Y E Z L H E L U I V O Y G U
G B I P S Z C D V G D T H R O U G H R L
F N H D T S N Q O N I N E E M Y K E X T
S E I T R D E H C I R N E S A E R C N I
D C U E E O I N R G Y S H T U R Y R R P
O E J W B N C K L D F P T S T A T G Y L
O S S T H P I C F U Z A E X S I C S V Y
G S L R T F F A A R F R R T S K R O W D
T I M A E L F V M G M I E H E H K W E B
H T O P S P U K C E A N T A N T J E O V
I Y D O O F S F T B R G S N S E S T G D
N D X H P F S I R B G L I K U V H H V Z
G E V E R Y Y O D E K Y N S O O K M B M
S N U U U I A D R R E V I G E L B D W U
I A I E P D W B A U S H M I T O P D R H
Z T J V S F L V W X E A C V H R T A T R
S B R E A D A K O O K T H I G R A C E P
S W H I C H O O T E S H O N I V J I N R
P P K D H Q R J T F N C A G R H Y B F R
```

2 Corinthians 9:6–11

But this I **say**, He **which soweth sparingly** shall **reap also** sparingly; and he which soweth boun-
tifully shall reap also bountifully. **Every** man **according** as he **purposeth** in his **heart**, so let him
give; not **grudgingly**, or of **necessity**: for God **loveth** a **cheerful giver**. And God is able to **make**
all **grace** abound **toward** you; that ye, **always having** all **sufficiency** in all **things**, may abound to
every **good work**: (As it is **written**, He **hath dispersed abroad**; he hath given to the poor: his **righ-
teousness remaineth** for ever. Now he that **ministereth seed** to the sower **both** minister **bread** for
your food, and **multiply** your seed sown, and **increase** the **fruits** of your righteousness;) **Being
enriched** in every thing to all **bountifulness**, which **causeth through** us **thanksgiving** to God. (KJV)

Solution on page 181

```
U R Y O Z A S R E D R U M S T O L D R V
W M X U C O N T R A R Y R E T L U D A S
L H N M Q I S X K H F U I P E A C E E G
W W I V T N Z I A T W G N T M P S I R N
C O M C I S E D Z E R K P K P S S Q Q I
S I M A H S N O I T A L U M E E V O L R
T P G T P Z V L W S T V X N R N M O C E
X A I U T G Y A I U H L N E A A N C R F
H A A R H F I T T L L A H R N S Y E R F
F U B Q I X N R C A E O O I C P V U S U
P W U G N T G Y H L V L F O E E I S R S
A A N Q G I S S C A L E F Z L T E E S G
A Y D Y S R R N R I S D F L I N F E W N
W L E O A E U I A T K Z I W E I N M A O
D E R T A H A A F O P N A L R D U F I L
L I R L G N I P T W G K T T O N N A C F
U J S D C I Z G O S G N S O T H E R G H
O O Q E V I E R O F E B G U G I F Q K S
W Y N U Y C K D W G V G U L C G M L K S
Z O E M R S B U B L W M R K J H V E P V
```

Galatians 5:17–23

For the flesh **lusteth** **against** the **Spirit**, and the Spirit against the flesh: and these are **contrary** the **one** to the **other**: so that ye **cannot** do the **things** that ye **would**. But if ye be **led** of the Spirit, ye are not **under** the law. Now the **works** of the flesh are **manifest**, **which** are these; **Adultery**, fornication, **uncleanness**, lasciviousness, **Idolatry**, **witchcraft**, **hatred**, **variance**, **emulations**, **wrath**, **strife**, seditions, **heresies**, **Envyings**, **murders**, **drunkenness**, **revellings**, and **such** like: of the which I **tell** you **before**, as I have **also** **told** you in **time** past, that they which do such things **shall** not **inherit** the kingdom of God. But the **fruit** of the Spirit is **love**, **joy**, **peace**, **longsuffering**, **gentleness**, **goodness**, **faith**, Meekness, **temperance**: against such there is no law. (KJV)

Solution on page 181

Be Kind

```
X U J I X C O V K J A I Q F D B G Y E R
Y Z F W V N H B L Z P Q O T H E R S U A
I A E V Y S J I O R X R R Q T E J T H G
N K X T Z P U P J Z G E E R A H S X O E
S A D A Y D D T S I D H D C I Y E S L R
I S J L Y S Y H V N G T C C R D C I Y R
D L Q K T E E I A U V O J G Z K H J R V
Z L I S T E N L V X R N N U S W T W Q C
T N U E D G S O S D N A H K O V H Z T W
D M L E V E R Y I S O D W R N D O I N G
H Q A P N A E N D T F W K G L G L Q H D
I Y S R S G G N H E P C N O R N Q Z L B
B Z U E Z J U R C C R M H G B I Z B X Z
C O M P A S S I O N A T E K E L E B N T
Y S F K E L L H H F O E L D N W G V R D
S T V F B A E G T O E M P F E A B I E B
O I U M M C E D F U E J F E F R T V G G
A L J O R G G D Z D O G U W I B I A N W
R L H U E G I S S N S M L S T L S Y O Z
G W G L F L H J X V U B Y B T G N O L A
```

Ephesians 4:26–32

Do not let the **sun** go **down** **while** you are **still** **angry**, and do not give the **devil** a **foothold**. He who has been stealing **must** steal no **longer**, but must **work**, **doing** something **useful** with his own **hands**, that he may have something to **share** with those in need. Do not let any unwholesome **talk** come out of **your** **mouths**, but only what is **helpful** for building **others** up **according** to **their** **needs**, that it may **benefit** those who **listen**. And do not **grieve** the **Holy** Spirit of **God**, with **whom** you were **sealed** for the **day** of **redemption**. Get **rid** of all bitterness, **rage** and anger, **brawling** and **slander**, **along** with **every** form of **malice**. Be **kind** and **compassionate** to one **another**, **forgiving** **each** other, **just** as in Christ God **forgave** you. (NIV)

Solution on page 181

```
X F U J K Z Q D I K O P N D N P N W Y R
N G T Q T H I N K R C M J E N E E S L X
H X N V R M E O Z H E E I O I R O X B L
L M L J J W S I R W S Y I J U M Z B N M
M C O T N V C T H U C S A P H F H W T V
W X C T W Y I A S J O J U R E P O R T L
O F N L D U T R C E H Y R A P N E K B T
T E O U O S N E T G U C T I K T S A K P
I T S F O Z Y D U U D Q G S N X E B C E
H C E E G L A O E I E E E E E B H E H E
D P V R L A R M T R G R V R M N T B T K
C E Z A H H A L E M S G N I H T O N H L
R Q N C T W A J B R E T H R E N C H O Z
L I B O T H O X P I A G A I N C B M S K
F O H K G I S H E A R T S N Y R E V E K
E K V G C C O Y A G S T L U D K W R B U
S D Y E X H T H A N K S G I V I N G L G
S H A L L I N H B W D U E A S D N I M E
X K S M C Y U L D J L J J T F L L G U C
X L F M H C A O N Z V A D C H R I S T F
```

Philippians 4:4–9

Rejoice in the Lord **always**: and **again** I **say**, Rejoice. Let **your** **moderation** be **known** **unto** all **men**. The Lord is at **hand**. Be **careful** for **nothing**; but in **every** thing by **prayer** and supplication with **thanksgiving** let your **requests** be **made** known unto God. And the **peace** of God, **which** **passeth** all **understanding**, **shall** **keep** your **hearts** and **minds** **through** **Christ** **Jesus**. **Finally**, **brethren**, **whatsoever** things are true, whatsoever things are **honest**, whatsoever things are **just**, whatsoever things are **pure**, whatsoever things are **lovely**, whatsoever things are of **good** **report**; if there be any **virtue**, and if there be any **praise**, **think** on **these** things. **Those** things, which ye have **both** learned, and **received**, and heard, and **seen** in me, do: and the God of peace shall be with you. (KJV)

Solution on page 181

Compassionate Hearts

```
S W I U E S P V J O S R M L V A H W W H
N C I Z N R A G S U S E J Q N Z E S L V
F I W M Z F I D U Y B Q B N F C Y L O H
T S Y D E T N Q X R B M E B A W D Y R W
L H Q G N I H T Y R E V E E E A O C D F
I A M Z B A G A I N S T P A I L B R C B
V R U A D R G G N I V I G R O F O O D O
H M S T H N B Q I K N Y N I U V M V V N
E O T I I U P K N F F S V N C P M O E E
A N A G U R M U I Y D U C G L H C T E D
R Y N A E M I I P N V N L A N K O T G H
T I P N Y M S P L A D Y I N L G N S E C
S N C O M P A S S I O N A T E L J R E I
I O W T E T S N E U T C E T C S E P F N
R C S H I K R Q R N U Y H S B E S D A D
H B O E I T B I I W K E D B S O F O T E
C B N R H C X U C E R E B W X G B R H E
W C G E E G H X W H A T E V E R U L E D
E I S E N O G M G C L H P M B L P M R P
I E X S F D X L B Z X Y S L Q M L T O X
```

Colossians 3:12–17

Put on then, as God's **chosen ones**, **holy** and **beloved**, **compassionate hearts**, **kindness**, **humility**, **meekness**, and **patience**, **bearing** with one **another** and, if one has a **complaint against** another, **forgiving** each other; as the **Lord** has forgiven you, so you also **must** forgive. And **above** all **these** put on love, **which binds everything together** in **perfect harmony**. And let the **peace** of **Christ rule** in **your** hearts, to which **indeed** you were **called** in one **body**. And be thankful. Let the **word** of Christ **dwell** in you **richly**, teaching and admonishing one another in all wisdom, **singing** psalms and **hymns** and **spiritual songs**, with **thankfulness** in your hearts to **God**. And **whatever** you do, in word or deed, do everything in the **name** of the Lord **Jesus**, giving thanks to God the **Father** through him. (ESV)

Solution on page 181

Live in Peace

```
Q B J W V U P S G F B O J M E V I L T I
F Y Z E H L K F Q C M C H N V D G L L V
M S Y A W L A I U P R O P H E C I E S L
E Z H F U I R C N Z L N K H R A V M X I
L F A B I B W I D D H T F L Y Y E D I O
S E C N A T S M U C R I C L O R D I D T
Y L A C A B C L S T L N M G N I M O C E
D V K E K Z T N F S H U O S E Q O V R G
W A R N A N L P A U E A F B E G P A Y S
R T T F E R E S M S H L N Y O L O O S C
O W F I W Q C F U E K L E K O D F U E I
O U T P R K A J U L T Y N M S J Y V D L
S A F Y U I E T Q O Q N C V A U I L T P
P A N F T G P X V H V I O U P L E H P B
R Y K F D N V S W W S N U C F Z B P Y Q
P T U J T K F O D F C H R I S T S E T W
K B K U Z Y W U O I I W A S U M H M E X
W W Z W E H R L Y O U R G B O N A O L K
H T G S F G C H S C J J E S U S B K S Q
T D X E E I V H E W R Z S Z S W K O E E
```

1 Thessalonians 5:13–23

Hold them in the highest regard in love because of their work. **Live** in **peace** with each other. And we **urge** you, brothers, **warn those** who are **idle**, **encourage** the **timid**, **help** the **weak**, be **patient** with **everyone**. **Make** sure that **nobody pays back** wrong for wrong, but **always** try to be **kind** to each other and to everyone **else**. Be **joyful** always; pray **continually**; **give thanks** in all **circumstances**, for this is God's will for you in **Christ Jesus**. Do not put **out** the **Spirit**'s **fire**; do not **treat prophecies** with **contempt**. **Test** everything. **Hold** on to the **good**. **Avoid** every kind of **evil**. May God **himself**, the God of peace, **sanctify** you through and through. May **your whole** spirit, **soul** and body be kept **blameless** at the **coming** of our **Lord** Jesus Christ. (NIV)

Solution on page 182

Idle Living

```
T X V S R W Q D L D N A M M O C B E L R
H W J K C F Y D E V F T C X E L V A C M
G G C Q F S O T K W R E C E I V E D K V
I N L I I R P O A A R B S U K L I Y R W
R Y I F L E K N D T N R Q T P L A G A Q
G E E L C V T I A R E X I M I T A T E L
T I A C L E T I S H Q B A T S U A G D O
E O A B D I N N T R Q X F E N O Y N A R
L A C L O L W O Q J E S U S I H E I S D
O L K N Y E R N W Y N T I K G T Y Y R C
A W P Q B B R O U G H T S W H I O A J K
L S Y Q U X U P S U N G H I T W H P W G
C A A R V L O V C A L I V E S O D E H A
D H D C D E E F M N L I P R I L P M L V
W E W H G T N E V E E T D K R L J E B E
N E K V A J V F J M N D J E H O I B L N
S K G R S M U A S Y Z V V M C F M D D L
G I A W O N K T T D Q E A U N O I G M W
I C X R C W J S K K N S C N U J M G N L
Z F F Z C A F F A A U X Y V B A V Q W Q
```

2 Thessalonians 3:6–10

And now, **dear** **brothers** and **sisters**, we **give** you this **command** in the **name** of our **Lord**
Jesus **Christ**: **Stay** **away** **from** all **believers** who live **idle** **lives** and don't **follow** the **tradi-**
tion they **received** from us. For you **know** that you **ought** to **imitate** us. We were not idle when
we were with you. We **never** **accepted** **food** from **anyone** **without** **paying** for it. We **worked**
hard **day** and **night** so we **would** not be a **burden** to any of you. We **certainly** had the **right**
to **ask** you to **feed** us, but we **wanted** to give you an **example** to follow. **Even** **while** we were
with you, we **gave** you this command: "Those **unwilling** to work will not get to eat." (NLT)

Solution on page 182

```
T J P I H S N O I N A P M O C H D E U J
S D K G G Y S P E C I A L Z W N K I S X
T E I P N E X E L N N T S S Q G A W P M
N I N F R K N T N A R O N G I L L N C C
A R D O F S V I E L I O M E P L J O W U
V V N F J I N L Y O U T H F U L Y S F S
R X E G J V C O N M M F H E A R T S U A
E Q O O O Z R U I C G E H K E N Z O P Y
S H M L S E B Y L S T A R T E F E D A M
R L V D T N G S E T A L U M I T S W L G
G E I S V O G V V V N C U U H A G A I N
D D A S P Y E T I T O G C G E N F M F W
A M C N N R N S S E R L I O S I L V E R
E W Q S Y E U S N A N R L K P M Y A L T
T Y S D I V T N E C X G N I V I L B W D
S H A T D E S U P H P I K J F T N O A K
N Y A L N N Y M X A A D R R H A O W G W
I P C J C F F L E S R U O Y L D O F D N
E E O R X U Z H M O W M W M P W X B F Z
G Y U H Q V C A L S E T K A K C W D T H
```

2 Timothy 2:20–24

In a **wealthy** home some **utensils** are **made** of **gold** and **silver**, and some are made of **wood** and **clay**. The **expensive** utensils are **used** for **special occasions**, and the **cheap ones** are for **everyday** use. If you keep **yourself** pure, you will be a special utensil for honorable use. Your **life** will be **clean**, and you will be ready for the **Master** to use you for every good **work**. **Run from** anything that **stimulates youthful** lusts. **Instead**, pursue **righteous living, faithfulness, love**, and peace. **Enjoy** the **companionship** of those who call on the **Lord** with pure **hearts**. **Again** I **say**, don't get **involved** in foolish, **ignorant arguments** that **only start** fights. A **servant** of the Lord must not quarrel but must be **kind** to **everyone**, be able to **teach**, and be **patient** with **difficult** people. (NLT)

Solution on page 182

Brotherly Love

```
X U L X H A N I L Z T L D R O W F K L B
F W L I X V L E M I F Z V E C D O V M Y
J V Y G G X F O T U M S Y P K R C G W B
K O V Z N I E C A F W W R L D O J S W I
L L F W J S C O N T I N U E A L P F N I
Q E E Y L R E H T O R B Z H G B N S M U
N H I Q P I S N V K V X V X F N O M N F
K H T D H O R U T B I G M A K R A D Y W
Q T R S G Y L T N E D I F N O C E R Y O
I I E P U M T W F O R S A K E F H I T H
G A M Y O U H O S P I T A L I T Y M T S
K F O I H A S E R A B R A L C R C M U T
R U C A T O R I G Q I L E I A O F O K L
R P T V M A S A N Y U D E B N O R R E O
S E U E W O T R B C R F S T M E S A E V
B G O A N S N E N R E L E B T E D L P E
D D N R X Q R G S B E N G L H V M Z A K
B U L F S E R Q N G T V U L E A D E R S
E J N I H O C O N S I D E R H O N O R M
L H Z T D H H A H W A Y K N B X N S G C
```

Hebrews 13:1–7

Let **brotherly** **love** **continue**. Do not neglect to **show** **hospitality** to **strangers**, for **thereby** **some** have **entertained** **angels** **unawares**. **Remember** those who are in **prison**, as **though** in prison with them, and those who are mistreated, **since** you **also** are in the **body**. Let marriage be held in **honor** **among** all, and let the marriage **bed** be **undefiled**, for **God** will **judge** the sexually **immoral** and **adulterous**. **Keep** **your** life **free** from love of money, and be **content** with **what** you have, for he has **said**, "I will **never** leave you nor **forsake** you." So we **can** **confidently** say, "The **Lord** is my **helper**; I will not fear; what can man do to me?" Remember your **leaders**, those who **spoke** to you the **word** of God. **Consider** the **outcome** of their **way** of life, and **imitate** their **faith**. (ESV)

Solution on page 182

Gifts from Above

```
M T Z O C K T C P X N S H S I B Z K V S
T J U R R E V H T E M O C Q R V V F T A
S G A S E I F A I U S S R E R A E H Y R
M Q B G A A G T R U T H T B H R V S T P
F A O I T V H H S K H H C S X I I T W L
O P V H U E E M T T R K L N V A E Y O H
Y A E H R Y C Q A E I U A D T B C C R C
X R F M E T S R N N O U L U V L E J K I
F T W F S I W M D S G U R D O E R S E H
J H O V I U I H W H O N S F I N V N T W
D L D Z U L F N T H I O Y N T E O E H M
F H A E K F T I S N C P F A E S H E R S
W T H Y C R N H G B U H G T E S R X P Y
D R S U R E L W I N E E O L C E S I H B
B I L U S P I S O N B L V M F E F I F L
Z H O S E U G V V D E E O O K R F R U Y
J Y W N E S H N I O S S R V A G E R O Y
G C T W L N T K Q N Z E S S E N K E E M
Z X D N H N S U O L G K Y M P D M R M P
Z J W U U V T P D Y Q G L X S S G N P L
```

James 1:16–22

Do not **err**, my **beloved** **brethren**. **Every** good gift and every **perfect** gift is **from** **above**, and **cometh** **down** from the **Father** of **lights**, with whom is no **variableness**, **neither** **shadow** of **turning**. Of his own will **begat** he us with the word of **truth**, that we **should** be a **kind** of **firstfruits** of his **creatures**. **Wherefore**, my beloved brethren, let every **man** be **swift** to hear, **slow** to **speak**, slow to **wrath**: For the wrath of man **worketh** not the **righteousness** of God. Wherefore **lay** **apart** all **filthiness** and **superfluity** of **naughtiness**, and **receive** with **meekness** the engrafted word, **which** is able to **save** **your** **souls**. But be ye **doers** of the word, and not **hearers** **only**, **deceiving** your own **selves**. (KJV)

Solution on page 183

God Is Love

```
I  K  X  Q  D  F  H  E  P  V  N  M  A  W  B  R  U  M  G  U
Q  H  A  L  S  O  X  R  A  F  C  T  B  T  S  O  K  W  R  O
Z  H  R  T  R  A  K  H  K  G  V  X  D  D  N  P  R  A  G  Y
Y  O  U  E  T  U  W  Y  H  W  V  F  Y  G  I  V  E  N  L  N
W  V  N  Z  V  T  Y  W  G  D  N  B  D  S  S  D  I  N  J  K
J  N  L  E  Z  E  E  X  D  Y  U  J  S  Q  G  N  O  M  A  Q
S  H  J  N  B  U  O  I  G  T  L  W  H  H  O  S  R  H  H  B
H  A  X  O  U  E  J  H  G  U  O  R  H  T  D  C  Y  S  W  L
W  Y  C  Y  H  C  C  H  W  N  V  L  A  N  O  T  H  E  R  E
F  L  H  R  D  Z  M  A  K  E  E  U  E  M  I  O  H  P  G  P
K  C  V  E  I  I  J  O  U  N  S  I  P  R  W  E  P  G  X  H
U  P  Y  V  C  F  K  L  R  S  R  L  I  E  Z  B  T  P  U  J
G  S  J  E  N  N  I  R  Z  F  E  P  D  O  G  Z  S  U  M  O
R  P  X  C  E  V  S  C  S  T  S  Z  Q  E  I  X  P  Y  X  T
M  C  J  Y  E  I  F  X  E  H  I  V  W  A  I  I  B  S  W  N
A  U  K  S  S  O  M  P  N  G  R  U  Q  Z  Y  W  K  S  H  I
Q  N  Y  O  B  U  A  A  T  I  D  F  L  Q  Q  C  Z  K  X  W
Q  U  I  N  G  T  E  D  A  M  N  B  S  X  B  S  H  K  H  O
P  T  N  G  K  N  L  Z  Y  G  Y  E  D  P  M  Y  O  W  I  V
Y  K  B  V  O  R  L  I  L  G  E  W  Q  A  J  N  F  V  T  N
```

1 John 4:7–13

Dear **friends**, let us love one **another**, for love comes **from** **God**. **Everyone** who **loves** has been **born** of God and **knows** God. **Whoever** does not love does not know God, **because** God is love. This is how God **showed** his love **among** us: He **sent** his one and **only** **Son** **into** the **world** that we **might** live **through** him. This is love: not that we loved God, but that he loved us and sent his Son as an **atoning** **sacrifice** for our **sins**. Dear friends, since God so loved us, we **also** **ought** to love one another. No one has ever **seen** God; but if we love one another, God **lives** in us and his love is **made** **complete** in us. We know that we live in him and he in us, because he has **given** us of his **Spirit**. (NIV)

Solution on page 183

```
B K G N A V F Z B V S B H U U Q Y Z R W
F B M Y Z L D L P H T W O G G Y D M R N
O T D L O Y R D T P A S H K J B R U S W
Y U T O E S O Y K Y R H R D N Q O Y N D
R J O V D D M O U N T A I N R Y L R W O
S F S C M X T T H W R T E C I O V I A Z
H V P L A C E N R O B T L S H M W S D U
M U M H I D H S E V L E S R U O S E T Z
S F C K H B N N W O V N L Z A E S S V S
C C D D E V I E C E R T H O S I B Y C H
F U I U A F V K R K R I R S V J G R G I
V K G T V W E L L L E O E E O E I O G N
S N N B E M Y O A Q H N D X W P D L D I
R O I J N H Z M K Y T Y H F T O A G V N
J W N J F Y P K Q I A T G U V S P Y W G
E I R W V Y R O W K F S R C O M I N G C
J N O I T A T E R P R E T N I Q F R O M
L G M O H W Y A V P C J C F W H I C H H
P L E A S E D B U H E A R T S Y X E Q C
A G A K Y D U V X G J M N N Z T N Y X A
```

2 Peter 1:16–20

For we did not follow **cleverly** **devised** **myths** when we made known to you the **power** and **coming** of our **Lord** Jesus **Christ**, but we were **eyewitnesses** of his **majesty**. For when he **received** honor and **glory** **from** **God** the **Father**, and the **voice** was **borne** to him by the Majestic Glory, "This is my **beloved** Son, with **whom** I am **well** **pleased**," we **ourselves** heard this **very** voice borne from **heaven**, for we were with him on the **holy** **mountain**. And we have something more sure, the **prophetic** **word**, to **which** you will do well to **pay** **attention** as to a **lamp** **shining** in a **dark** **place**, until the day **dawns** and the **morning** **star** **rises** in **your** **hearts**, **knowing** this first of **all**, that no prophecy of **Scripture** comes from someone's **own** **interpretation**. (ESV)

Solution on page 183

ANSWERS

Chapter 1: Bible Study

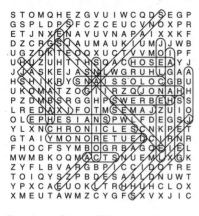

Books of the Bible A–J

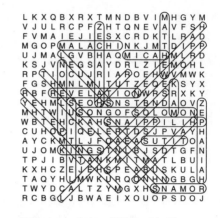

Books of the Bible K–Z

Animals in the Bible

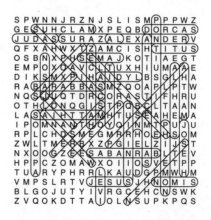

Christian Holidays and Feasts

Places in the Bible

People of the New Testament

Chapter 1: Bible Study

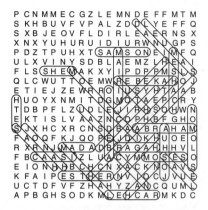

People of the Old Testament

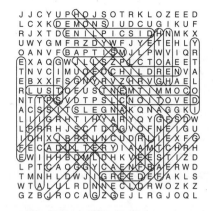

Bible Topics A–L

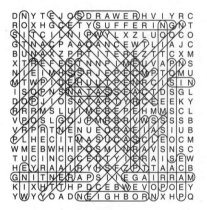

Bible Topics M–Z

Preachers

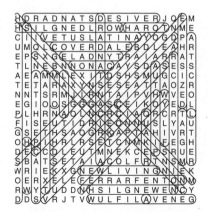

Parables

Versions of the Bible

Chapter 2: The Old Testament

Parting the Sea

A Time for Everything

An Eye for an Eye

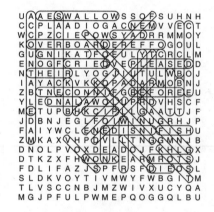

Jonah and the Fish

Daniel and the Lions

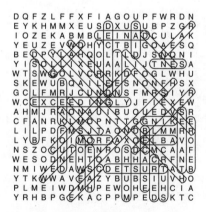

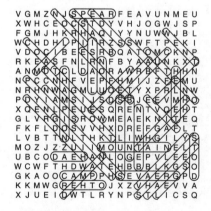

Goliath

Chapter 2: The Old Testament

My Beloved

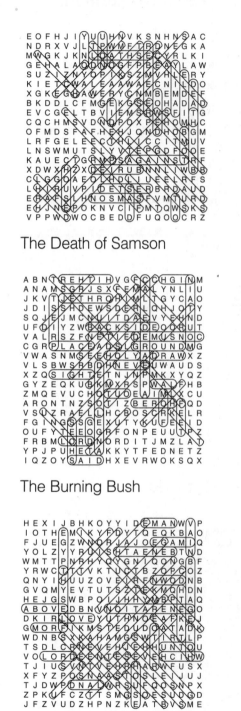

The Death of Samson

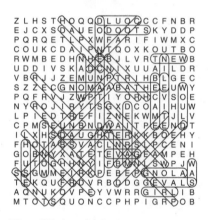

The Birth of Moses

The Burning Bush

Walls of Jericho

Thou Shalt

Chapter 2: The Old Testament

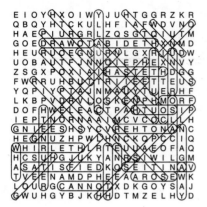

Vanity of Vanities

Chapter 3: Genesis

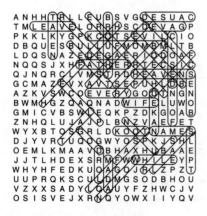

God Creates Woman

Forbidden Fruit

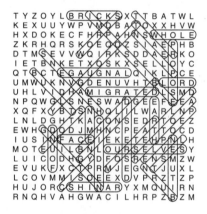

Noah's Ark

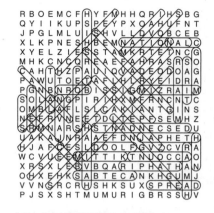

Noah's Descendants

The Tower of Babel

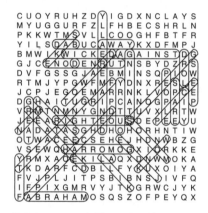

Sodom and Gomorrah

Burnt Sacrifice

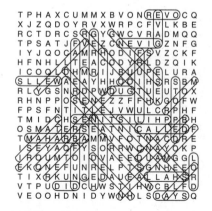

Wells of Water

Chapter 3: Genesis

Pharaoh's Dreams

Chapter 4: Psalms

Hear Me

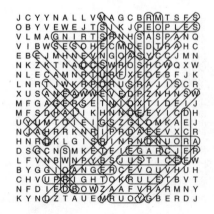

Judgment

Chapter 4: Psalms

Apple of Your Eye

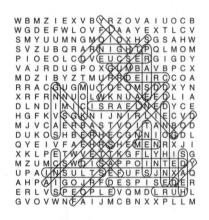

My Rock

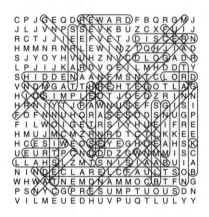

The Law of the Lord

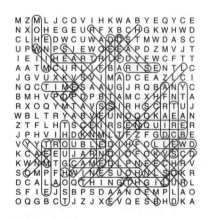

I Am a Worm

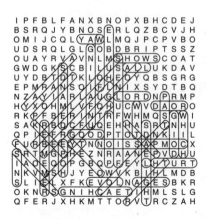

Lead Me

Fear Not

Chapter 4: Psalms

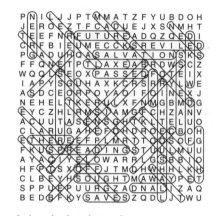

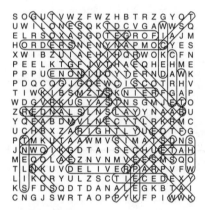

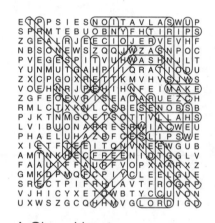

Sing a New Song

Inherit the Land

Wicked Ways

A Clean Heart

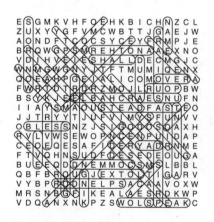

Clothed with Majesty

Forever and Ever

Chapter 4: Psalms

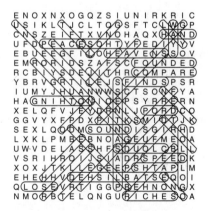

You Know Everything

Chapter 5: Proverbs

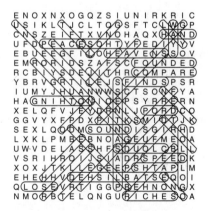

Wisdom

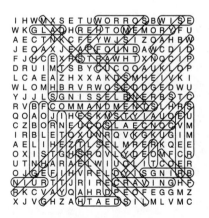

The Proverbs of Solomon

Chapter 5: Proverbs

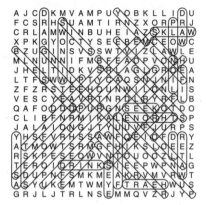

Wine

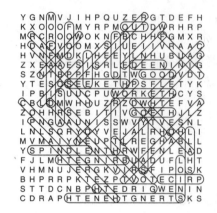

A Virtuous Woman

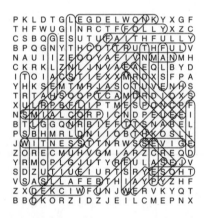

Foolish Ways

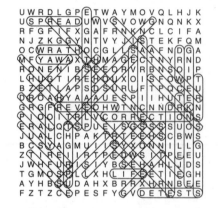

Gentle Words

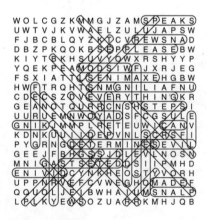

Planning

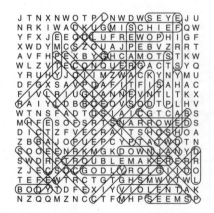

Sweet Words

Chapter 5: Proverbs

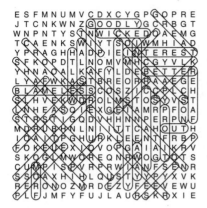

Rich Man

Hasty Words

Chapter 6: The New Testament

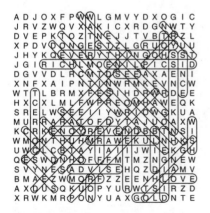

Hot or Cold

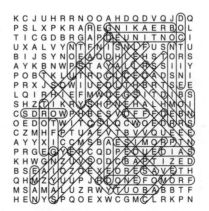

Be Baptized

Chapter 6: The New Testament

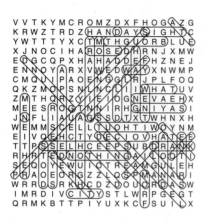

The Road to Damascus

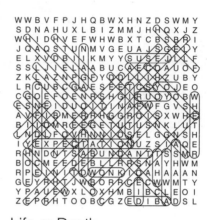

Life or Death

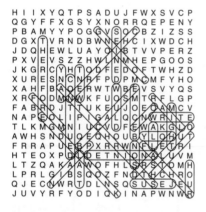

Antichrists

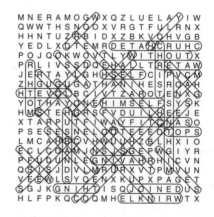

Husbands and Wives

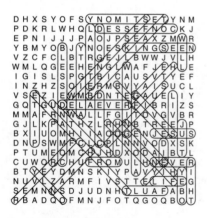

The Good Fight

Seven Seals

Chapter 6: The New Testament

A Chosen People

Faith

Twinkling of an Eye

Help Others

Chapter 7: Matthew

The Beatitudes

Salt of the Earth

Anger

Giving to the Needy

The Lord's Prayer

Treasures in Heaven

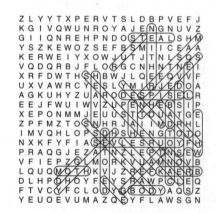

Chapter 7: Matthew

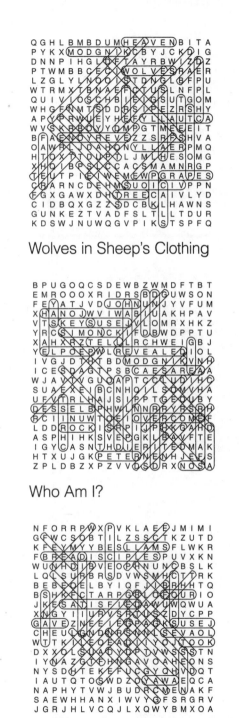

No Worries

Wolves in Sheep's Clothing

The Power of Words

Who Am I?

The Greatest

Seven Loaves

Chapter 7: Matthew

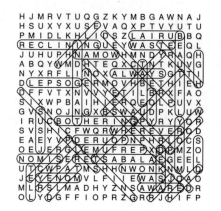

Give to Caesar

Perfume

The Resurrection

Chapter 8: Mark

John the Baptist

Fishers of Men

New Wine

The Parable of the Sower

Hometown

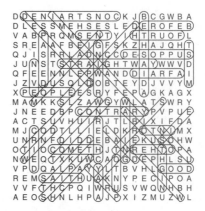

Walk on Water

Chapter 8: Mark

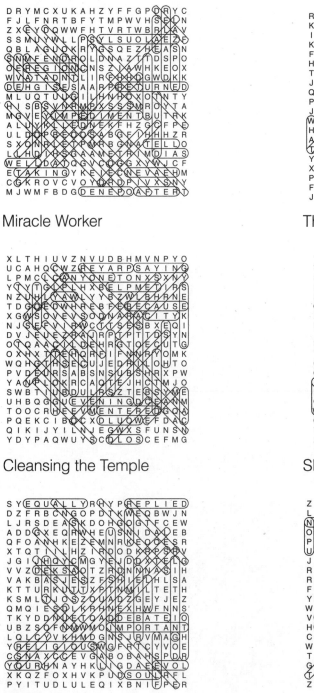

Miracle Worker

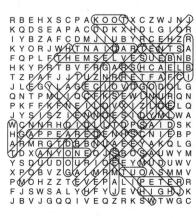

The Transfiguration

Cleansing the Temple

Sleepy

The Most Important Commandment

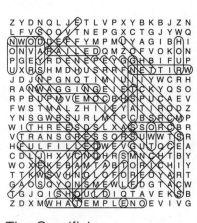

The Crucifixion

Chapter 8: Mark

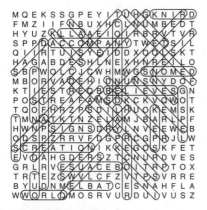

Final Instructions

Chapter 9: Luke

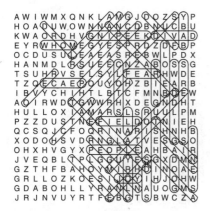

Shepherds

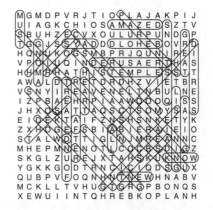

In My Father's House

Chapter 9: Luke

UCNYHSXYQDLMSMTZFLKA
EYQUERGKQGOBTYDZXELC
PHBRIVSBLWOLNQPRFCVG
CJLNTWLWZRNBEFDXMKNO
HRKYDYGEQRTRMDQEOIDH
TNWLQQJDQJKEOMKSNHEM
RUZPYJJKWLVAMTOTWGRW
SOEBOLSBKIUDVPOOBDEW
UVYNJGLFQWOIDNKTNJSM
KQLBTTRAOOWRITTENMSJ
OTOUIHONHRETURNEDSNO
NCHJLOWELIFTMEEUAR
GNIEBSKTVHAVAILNCSQD
JROSIENJUKKYTIROHTUA
SBOUPRONDLXVEMOERON
FNRSBXQGSAEEDMWSINGM
HSSPIRITMTRLAENSTOF
SRUOYQBIGENOAGLORYZ
PAHUMKHAOWEONEOFULL
FOPPONAZUKBMYDRDDTAV

Temptation

JALWUFSTJLPUMSTWALFK
IKKONLZDZZQLDQEZGTER
OOGXUBYPKZMJPSUEHQAS
IUSECOWTWHWEMCVQOYET
UFZGHZIUEQWHFVOSDOOG
PMIDEFZWHFVOSDOOGUOZ
TSZHEBIHFSFLEXAPFRMK
UERNKIXRJFXMMABUSEOM
YXEHXCYEVAWASYUVHTP
LGNHFISRENNISEKIRTSO
IDOVCEBADSKOSLAWOIOF
QLYJIHZYQYRKTVOTHERS
DSRMOKSPFWOXLDLKHOYG
SSELBCLYKMNVJCSVMOQI
ANVKVYCROITFHATEBDSY
EMETAPPSCUKEBAXDEAVE
LJKRZTZFAKATJXJLHCKU
QPPTWUKQNRAKCCGELLPP
PMUYMOROREYRCWGHDIUI
RNDLLHGJVSWPEWLLSIIE

Love Your Enemies

RAYQJVEGURLSKAOHNETZ
OOKODMOVENKEDLNQBATD
HLSDHQHRBRKCXATHESEI
XWKVQSXCRBSPINODASNY
VOORCXWAHQPFLFECJAVN
EFQHMTTXIRWPPDLKERSY
ZSSUTKDCIELGDDNAYGHI
DQPCEMPJINWAFIFBNRIQ
TUSEIDOBBLGMBTRHXAI
ABSMNWCONSIDEXHAIXPU
HMMPLEASUREOBROEHYHH
WNEAOTSFQBROFMSYHHOG
IOHCIHWREEPTAFMULEEG
CNRSAPDGCRFEHHIROPR
XCULEXCIUTLIUNTIAFIO
OLLFDTMXHOCECLOTHEHW
VDOJIXHUCTELYROLGPCF
VIJEQVSEJNZEENEKXIN
EBMHAYZCIUPHAXGFSEGV
FWNWFFRZLMSSAYYVARQU

Lilies

Healer

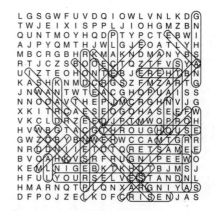

Preach the Gospel

LGSGWFUVDQIOWLVNLKDG
TWJEIXISPPLJIOHGMZBW
QUNTMOYHQDPTYPCTEBWI
AJPYQMTHJWLGJEOATLYH
MBCRGBHRKMAKNDMANYBS
RTJCZSBOOECTQUEFVSYA
UZTEOHONTEBJEREBTBN
KASHKNMDCBGSZFMZARTG
JNWANTWTEACGHOPUAISS
NNOOAVTHEPUMCRGHNVJG
XKITRCAESEOGOHASEEPW
VKCLDUZEPAIPTMWQPROH
HVWBGTACGTHROUGHOUSE
GWZOBYBNWEDWCCAMTGRR
BVOAHXVSRFRUGNIPEEWO
KEWLNIGEBKTKHDTBJMSJ
HFULYOURSELVESTANDNL
HMARNQTPLQNXARGNIYAS
DFPOJZEKDFCRISENJAS

The Narrow Door

Chapter 9: Luke

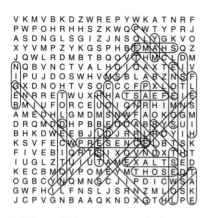

Be Humble

The Prodigal Son

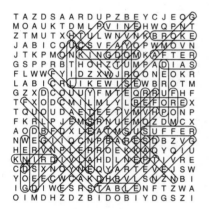

The Lord's Supper

The Mount of Olives

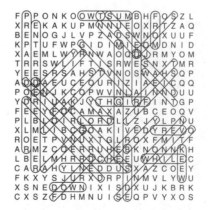

Pilate

He Has Risen

Chapter 10: John

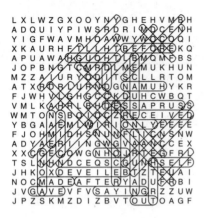

The Word Became Flesh

Water to Wine

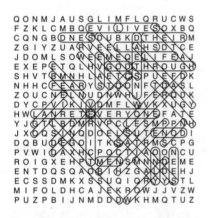

For God So Loved the World

Food

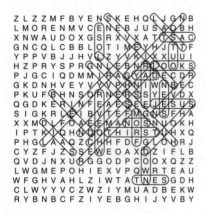

The Bread of Life

Light of the World

Chapter 10: John

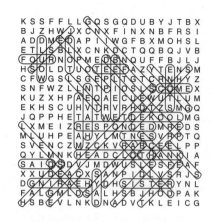

The Good Shepherd

Lazarus

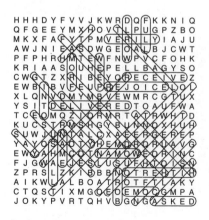

Washing Feet

Fruit of the Vine

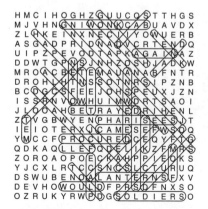

Sorrow to Joy

Betrayed

Chapter 10: John

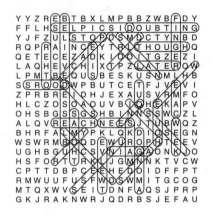

It Is Finished

Doubting Thomas

Chapter 11: Romans

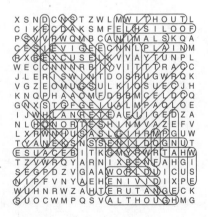

The Wrath of God

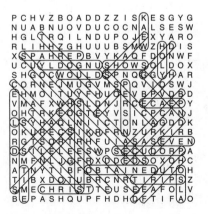

Peace with God

Chapter 11: Romans

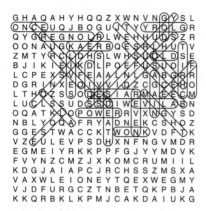

Dead to Sin

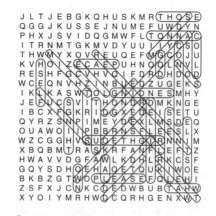

Spiritual Life

Hope

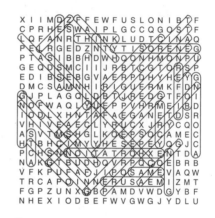

Grace

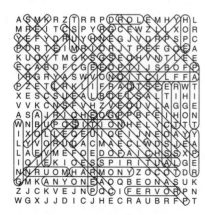

Love Others

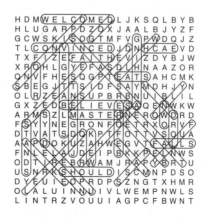

Do Not Pass Judgment

Chapter 11: Romans

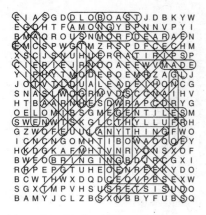

You Are Full of Goodness

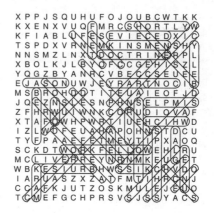

Holy Kiss

Chapter 12: The Epistles

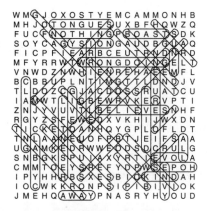

Nothing Without Love

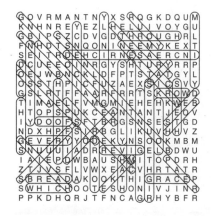

Cheerful Giving

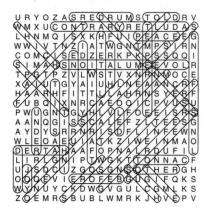

Flesh and Spirit

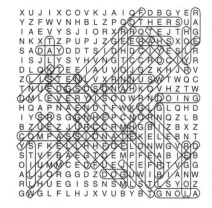

Be Kind

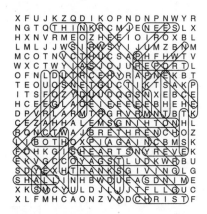

Rejoice in the Lord

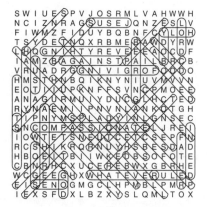

Compassionate Hearts

Chapter 12: The Epistles

Live in Peace

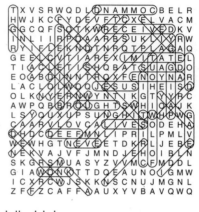

Idle Living

Honorable Use

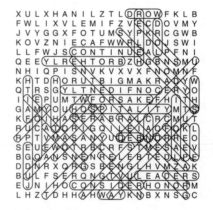

Brotherly Love

Chapter 12: The Epistles

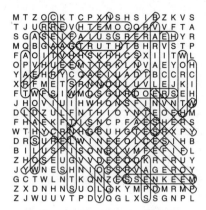

Gifts from Above

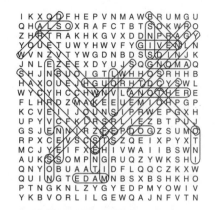

God Is Love

Eyewitnesses